Mesa
brasileira

**Guia para servir
e degustar nossa
comida regional**

Dados Internacionais de Catalogação na Publicação (CIP)
(Simone M. P. Vieira – CRB 8ª/477)

Matarazzo, Claudia
    Mesa brasileira : guia para servir e degustar nossa comida regional / Claudia Matarazzo, Renata Kauling Z. de Negreiros; Consultor técnico Carlos Manoel Almeida Ribeiro . – São Paulo : Editora Senac São Paulo, 2022.

    Bibliografia
    Índice geral.
    ISBN 978-85-396-3218-3 (impresso/2022)
    e-ISBN 978-85-396-3219-0 (ePub/2022)
    e-ISBN 978-85-396-3220-6 (PDF/2022)

    1. Gastronomia 2. Culinária brasileira 3. Cultura brasileira : Alimentação regional I. Negreiros, Renata Kauling Z. de. II. Ribeiro, Carlos Manoel Almeida. III. Título.

22-1466t   CDD - 641.5981

Índice para catálogo sistemático:
1. Gastronomia : Culinária brasileira 641.5981

Claudia Matarazzo
e Renata Kauling Z. de Negreiros
apresentam

**Guia para servir
e degustar nossa
comida regional**

Editora Senac São Paulo – São Paulo – 2022

Administração Regional do Senac no Estado de São Paulo
Presidente do Conselho Regional: Abram Szajman
Diretor do Departamento Regional: Luiz Francisco de A. Salgado
Superintendente Universitário e de Desenvolvimento: Luiz Carlos Dourado

Editora Senac São Paulo
Conselho Editorial: Luiz Francisco de A. Salgado
Luiz Carlos Dourado
Darcio Sayad Maia
Lucila Mara Sbrana Sciotti
Luís Américo Tousi Botelho

Gerente/Publisher: Luís Américo Tousi Botelho
Coordenação Editorial/Prospecção: Dolores Crisci Manzano e Ricardo Diana
Administrativo: grupoedsadministrativo@sp.senac.br
Comercial: comercial@editorasenacsp.com.br

Edição e Preparação de Texto: Vanessa Rodrigues
Consultoria técnica: Carlos Manoel Almeida Ribeiro
Revisão de Texto: ASA Comunicação e Design Ltda.
Projeto Gráfico e Editoração Eletrônica: Veridiana Freitas
Capa: Antonio Carlos De Angelis
Impressão e Acabamento: Type Brasil

Proibida a reprodução sem autorização expressa.
Todos os direitos desta edição reservados à
Editora Senac São Paulo
Rua 24 de Maio, 208 – 3º andar – Centro – CEP 01041-000
Caixa Postal 1120 – CEP 01032-970 – São Paulo – SP
Tel. (11) 2187-4450 – Fax (11) 2187-4486
E-mail: editora@sp.senac.br
Home page: http://www.livrariasenac.com.br

© Editora Senac São Paulo, 2022

Sumário

007 Nota do editor
009 Nota das autoras
010 Admiração, carinho e muita gratidão!
013 Como come?

016 Região Norte
040 Região Nordeste
088 Região Centro-Oeste
112 Região Sudeste
140 Região Sul
164 Bolos, doces e sobremesas

169 Aos amigos – aqui nomeados e também os seguidores e anônimos
173 Referências
173 Índice de receitas
174 Índice geral
176 Créditos iconográficos

Nota do editor

A receita para preparar *Mesa brasileira* veio de muitas ideias e "ingredientes": histórias do período colonial e do Império; curiosidades sobre o que se comia; características dos itens que compunham e compõem os pratos de cada região do Brasil, e a participação de chefs representando essas regiões, com direito a sugestões de cardápio.

O texto leve discorre sobre o mix de influências (europeias, africanas e indígenas) que, ao longo dos séculos, resultou em uma "etiqueta brasileira". Mas aqui a etiqueta não vem trazer regras; em vez disso, constitui-se em um valioso conhecimento para que o comensal tenha a sua experiência aprimorada.

Essa mescla de cozinha e cultura contribui para o desenvolvimento de estudantes e profissionais e reafirma o compromisso do Senac São Paulo com a difusão de nossa gastronomia.

Boa leitura, e bom apetite.

Nota das autoras

Este livro nasceu, antes de mais nada, do amor pelo Brasil, nosso país continental, rico em natureza, pródigo em acolhimento e tão variado em seus sabores e tradições culinárias.

Além disso, Renata, que faz da mesa posta sua profissão, e Claudia, que como jornalista investiga e escreve sobre o bem receber, adoram viajar, comer, cozinhar e caprichar quando convidam em casa.

Mas percebemos que a etiqueta ocidental, de origem europeia – na qual baseamos nosso cotidiano –, não contempla como servir e comer nossos variados pratos regionais. E que, sendo o Brasil tão vasto, falta-nos esse tipo de conhecimento – até para complementar nossos trabalhos, workshops e consultas.

Não temos a pretensão de esgotar todo o repertório de receitas regionais – afinal, pensamos em fazer uma segunda parte com sobremesas, por exemplo –, mas pinçamos aqui os ingredientes e pratos mais populares, para que, em viagem de turismo por nosso território, possamos desfrutar dessas tradições sem precisar garimpar demais.

Finalmente, tanta riqueza de ingredientes, receitas e pratos merece ser valorizada. Conhecer nossa história e a cultura de cada região vai tornar mais saborosa a experiência de degustar um prato – concorda? Além de enriquecer a conversa ao redor da mesa, o que, convenhamos, é um dos grandes prazeres da vida!

Claudia Matarazzo
Renata Kauling Z. de Negreiros

Admiração, carinho e muita gratidão!

AGRADECIMENTO A MARY DEL PRIORE

Sou apaixonada por história, pelo Brasil e por biografias – não necessariamente nessa ordem, mas cada um com muita intensidade. Ora, os livros de Mary Del Priore, historiadora premiada, trazem isso e muito mais. Sua escrita sensível e bem trabalhada nos envolve e encanta tanto que não largamos o livro até terminá-lo.

Nos mais recentes, percebi que tentava ler devagar, economizando viradas de páginas, por pura pena de chegar ao fim. Não importa se em sua obra Mary fale de príncipes e reis, de escravizados e colonos ou das mulheres de nossa história: o faz sempre com delicadeza, precisão e cuidado.

É isso que traz um conforto extra para quem lê: somos levados suavemente para cenários e circunstâncias do passado, como se tivéssemos atravessado um portal do tempo, pelas imagens que nos falam, cantam, dançam e nos enfeitiçam – tudo por meio de sua escrita.

Não a conheço pessoalmente, mas, quando uma amiga comum me deu seu contato, enchi-me de coragem: liguei perguntando se poderia me ajudar com a parte histórica deste livro. Ela, generosamente, não apenas indicou o caminho das pedras, por meio da leitura dos quatro volumes de Histórias da gente brasileira, como também autorizou que usasse alguns trechos.

Assim, as informações de teor histórico presentes nos capítulos têm, como fonte, os escritos de Mary. Já tudo o que se refere a receitas e técnicas gastronômicas teve o aval do professor e pesquisador Carlos Manoel Almeida Ribeiro.

Voltando a Mary: agradeço a sua generosidade, a presteza em me responder sempre e, claro, as preciosas informações – além do grato prazer experimentado durante a fase de pesquisa e leitura de seus trabalhos. Obrigada, muitas vezes obrigada, por tantos momentos de celebração em boa leitura.

AGRADECIMENTO A CARLOS MANOEL ALMEIDA RIBEIRO

Há pessoas de quem gostamos antes mesmo de conhecer pessoalmente – como é o caso de Mary Del Priore. De outras, aprendemos a gostar à medida que convivemos. Carlos Manoel Almeida Ribeiro pertence a este grupo. Nos conhecemos em 2008, quando, como chefe do cerimonial do Governo do Estado de São Paulo, preparei com ele o cardápio para a recepção ao hoje imperador Naruhito, do Japão – que veio ao Brasil para as comemorações dos 100 anos da chegada do navio Kasato Maru, na primeira onda de imigração.

Ele entrou em minha sala para sugerir alguns pratos nacionais que agradariam à comitiva japonesa. E, com seu extenso trabalho como professor e pesquisador da história da alimentação, logo matamos a charada. Fato é que imediatamente "os santos bateram". Literalmente, pois, entre seus vários livros publicados, há uma preciosidade: Comida de santo que se come, com receitas e fotos belíssimas das comidas ofertadas e degustadas nos terreiros de candomblé e que também fazem parte do nosso cardápio cotidiano.

Tempos depois descobri que, além de toda a sua cultura gastronômica, Carlos Ribeiro é um chef ousado e criativo – recebeu vários prêmios, e seu picadinho foi eleito pelo Estadão Paladar o melhor de São Paulo. Seu pequeno e acolhedor restaurante, o Na Cozinha, acabou sendo, durante anos, uma extensão da nossa própria casa.

Aos sábados, descia a pé três quadras e lá batia ponto, com marido e filha, para saborear suas receitas sempre muito brasileiras, feitas por ele ou sob a sua supervisão detalhista e rigorosa.

Eram tardes que não tinham hora para acabar: um mix de degustação, boa conversa e aula sobre nossa história. Entre uma caipirinha e muita informação, sempre saía de lá revigorada. E mais consciente do que nunca da urgência em reforçar nossa identidade, dar visibilidade à nossa riqueza cultural e deixar de lado o complexo de vira-lata que percebo afligir muitas pessoas sem motivo algum.

Quando retomei o projeto deste livro, faltava-me o conhecimento teórico de Carlos para ter mais segurança de tudo tratado aqui. Por mais que já tenha viajado muito por todo o Brasil, experimentado praticamente tudo que descrevo nestas páginas, nada como um professor e chef para, de forma didática e simples, explicar e validar as informações.

Em plena pandemia, encontrei Carlos atuante como sempre: entre lives, festivais de gastronomia on-line e seu delicioso cardápio delivery aos finais de semana, ele ainda encontrou tempo para nossas reuniões virtuais. Juntos, em cada prato, viajamos na imaginação. Ele, contando histórias das receitas, comparando ingredientes, revivendo passagens de sua infância; eu, anotando sem piscar – não queria perder nada e queria descrever melhor imagem e sabor.

Este livro não teria a menor graça sem Carlos. Sem falar na precisão de suas informações, que muito o enriqueceram. Agradecer é pouco: amei cada minuto, Carlos – valeu demais!

Como come?

De todos os sentidos, para mim, o paladar é o mais completo – sem falar nas delícias que literalmente nos oferece!

Ora, começamos a apreciar um alimento mesmo antes de levá-lo à boca: pelo olfato, que nos faz salivar quando somos inundados por determinados aromas; pelo tato, que complementa a sensação que temos ao degustar, e pela visão: muitas vezes, olhar um lindo prato já nos faz "sentir" seu sabor...

Os pratos que comemos na infância – ou em momentos de alegria e plenitude – são sempre nossos preferidos, não importando seu sabor, mas a lembrança a que nos remetem.

Comidas, receitas, reuniões à mesa e os ingredientes usados em cada lugar são aspectos muito específicos de cada cultura. Há países em que comer com as mãos é o normal; em outros, é considerado falta de educação. Assim como existem alimentos que só podem ser consumidos com as mãos e outros em que é impossível fazê-lo. Arrotar à mesa, em algumas culturas, é um grande elogio ao chef; em outras, uma grosseria.

Todo esse papo é para mostrar que seria impossível saber tudo sobre todas as receitas do mundo todo – não existe certo absoluto quando falamos de paladar. Nem totalmente errado. Depende de tanta coisa, e, vamos combinar, para que tanto rigor ao rotular o prazer de degustar uma iguaria?

No entanto, existe uma tradição cultural e regional que, essa sim, deve ser respeitada. Não como regra de etiqueta – a qual pode variar muito –, mas como sagrada tradição, importante de ser mantida, pois constitui o mais importante vínculo do ser humano.

É com comida que celebramos nascimentos, dias santos, matrimônios. Em volta da mesa, com diferentes receitas, as pessoas se reúnem vida afora: brindam, flertam, namoram, falam da escola das crianças, fazem planos para o futuro, discutem política, sonham, confortam umas às outras em momentos difíceis.

A comida e os sentimentos que ela desperta falam com as pessoas – e vão direto ao que lhes é mais sagrado: suas lembranças mais afetivas e antigas. Entender a história da nossa comida regional foi uma linda viagem por lugares que já conhecia, mas com um outro olhar.

Não pretendo aqui ditar as regras da comida regional brasileira, ao contrário: a ideia é mostrar como cada região tem sua maneira de cozinhar, servir e comer – e dar a quem lê este livro a oportunidade de saborear mais e melhor esses pratos.

Pessoalmente, adoro ouvir a origem de pratos e ingredientes de algo que eu esteja prestes a degustar. Assim, espero que conhecer melhor a história de nossas receitas lhe proporcione o mesmo tipo de satisfação que tive ao pesquisar e desvendar esses sabores do Brasil.

EXUBERÂNCIA CONVIVENDO COM ESCASSEZ

É um engano pensar que nosso país, por ser imenso e ter vastas terras para plantar, tenha sido um lugar de mesa farta. Em Histórias da gente brasileira, Mary Del Priore explica que, no século XVII, as grandes plantações de cana-de-açúcar deixavam pouco espaço para outras lavouras e que a dieta era pobre: tanto os senhores de engenho quanto os escravizados comiam rações de farinha, milho, feijão, arroz e hortaliças. Açúcar e toucinho eram luxos, assim como galinha e carne (que eram servidas excepcionalmente aos doentes).

Os frutos, que cresciam mata adentro, tinham bicho; a carne era de má qualidade, e os produtos importados, mal conservados. Talvez para compensar essa carestia a doçaria desenvolveu-se rápido e muito bem, pois havia açúcar e melado para tal...

Mercadores mais ricos tinham o poder de estocar produtos como sal, farinha e aguardente para especular e aumentar o preço em momentos de crise. De Portugal chegavam bacalhau e vinho, mas estes também representavam itens de luxo.

Segundo os historiadores, as frutas mais populares e que cresciam bem no Brasil eram as bananas e as laranjas – limas e cidreiras –, que, trazidas de Portugal, aqui "pegavam caroço", crescendo grandes e saborosas. Relatos dão conta de que plantações de cajueiros e mangabas foram dizimadas pelas atividades agrícolas e que, ainda assim, encontrava-se uma variedade imensa de frutas.

Viajantes e cronistas registram uma lista de dar água na boca: abacaxi (comido frito ou fresco, em rodelas), goiaba, abacate, amendoim, guaraná, cajá, cambucá, figo, fruta-pão, entre outras menos conhecidas hoje, como o mandacaru. Em épocas de maior falta de alimento, mandacaru (e outras frutas), farinha e peixe formavam o trio que salvava famílias da fome.

O que fica evidente é que a beleza e a riqueza de nossa gastronomia se devem tanto à generosa natureza e ao clima quanto à interação cultural, à criatividade e à ousadia dos que aqui chegaram – e, por que não dizer, à necessidade que levou à criação de receitas e sabores inusitados.

Em um país continental como o nosso, é natural que um mesmo ingrediente tenha diferentes nomes e usos ao longo do território. O resultado, em vez de nos fragmentar, enriquece, e espero que você experimente essa mesma sensação de privilégio ao viajar pelas receitas e histórias. A mesma que experimento ao sentar em um bar ou restaurante local, cheia de expectativa pela surpresa que nunca falha e na qual sempre me jogo com todos os sentidos, saboreando e rezando – agradecendo as bênçãos!

Região

Norte
Nordeste
Centro-Oeste
Sudeste
Sul

ACRE

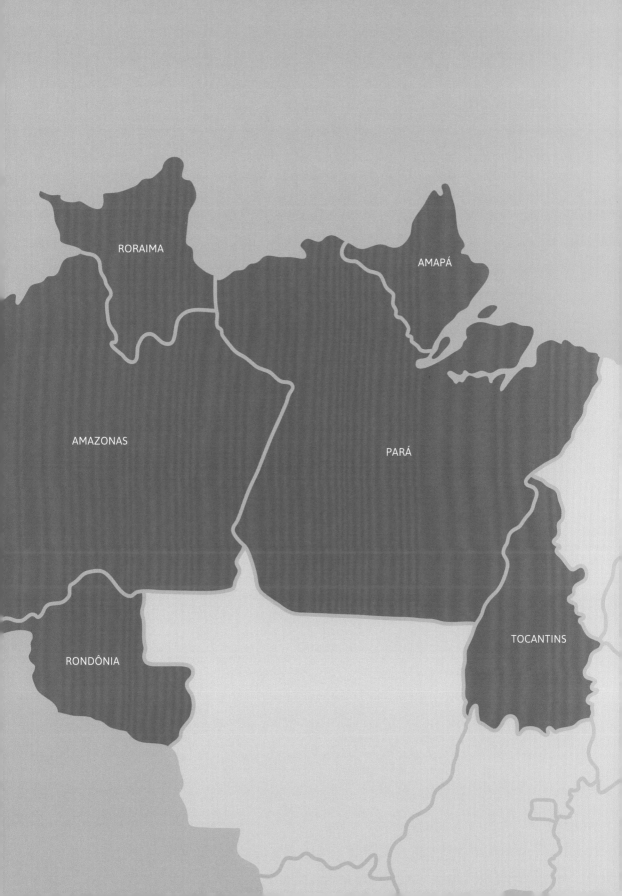

DENISE RÖHNELT DE ARAUJO

JORNALISTA, COLUNISTA DE GASTRONOMIA DO JORNAL *FOLHA DE BOA VISTA* (RORAIMA) E TITULAR DA COLUNA *LETRAS SABOROSAS*. PESQUISADORA DA CULTURA ALIMENTAR INDÍGENA DA AMAZÔNIA, COZINHEIRA, PALESTRANTE E CURADORA DE EVENTOS GASTRONÔMICOS.

  @LETRASSABOROSAS

MILAGROSA FARINHA!

Em regiões remotas e de muita seca, a dieta dos escravizados consistia apenas em farinha – eventualmente, em dupla com buchada de bode e peixes secos. E, meio que de contrabando, nos fogareiros e fogões externos assavam-se carnes encontradas na mata: tatus, preás, camaleões, mocós, com acompanhamento de bananas verdes, ananases e mamões. Era uma forma, ainda que arriscada, de criar um complemento ao cardápio com um paladar diverso e exótico – mas não menos saboroso.

A partir do século XIX, o algodão, o couro e o açúcar passaram a ser produzidos em pequena escala. A goma elástica, da qual se obtinha borracha, constituía o principal ativo da região. Os índios omaguás ensinaram os colonos a extrair a goma com vasilhas e seringas, e a borracha era usada para produzir botas e chapéus, que muito serviam nessa região de chuvas diárias e torrenciais.

"ONDE HOUVER FARINHA E MILHO, CADA UM CRIA SEU FILHO"

Esse ditado, muito antigo, dá a real dimensão da importância da farinha no cardápio brasileiro. Polivalente, saborosa e variada!

A de mandioca, usada pelos indígenas de várias maneiras, inclusive para fazer um "beiju de melhor digestão que a farinha [de trigo]" (segundo um encantado comensal português) e mais agradável que o pão desse cereal, de acordo com cronistas. Era degustada com mel, carne e peixe seco e usada em caldos (para engrossá-los ou lhes agregar sabor e textura).

O conhecidíssimo e apreciado fubá é o nome angolês para o milho, que, entre outras delícias, forma a base dos nossos populares e coloridos bolos, servidos em 9 de 10 casas brasileiras acompanhando nosso sagrado cafezinho.

FAROFA, FARINHA OU PAÇOCA?

Eis uma provocação, pois a farofa é feita com farinha, e a farinha é a base de um sem-número de delícias da gastronomia brasileira. Paçoca constitui uma variação do nome da farofa: no Centro-Oeste, chama-se de paçoca a farofa salgada, normalmente preparada com lascas de carne-seca. Já no Sudeste temos a paçoca como sinônimo de doce preparado com farinha acrescida de amendoim e açúcar.

A farinha de milho encontrada no Brasil, embora relegada a comida secundária pelos europeus, era muito popular. O próprio milho era um alimento importante consumido pelos escravizados – e, depois, adaptado à mesa da casa-grande com variações.

"SE NÃO É FAROFA, NÃO É COMIDA"

A frase é de Daniela Narciso, autora do livro *Farofa*, elaborado com o também chef Danilo Rolim. Ambos, loucos por esse prato, conseguiram reunir nada menos do que 82 receitas de farofas e preparos "assemelhados" para ninguém ficar triste ou sentir falta.

A farofa, segundo eles, pode ser feita com farinha de pinhão, como no Sul, de pão torrado, de farinha de peixe seco, como no Norte, de biscoito triturado... de quase tudo mesmo!

E farofa tem de ser soltinha. Ligeiramente úmida, já se transforma em um virado. Acrescente um pouco mais de caldo... e vira pirão! Percebeu a versatilidade?

Mais do que o feijão, a farofa é consumida em todas as regiões do Brasil: como acompanhamento de peixes, carnes, frutos do mar e, claro, também como prato principal, no caso das paçocas salgadas, que, no Centro-Oeste, compradas para consumir na rua, vêm em um potinho com uma banana em cima – a fruta é que serve de acompanhamento.

HISTÓRIAS DA GENTE BRASILEIRA, DE MARY DEL PRIORE

Oferendas

Os escravizados podiam receber de presente cabras e ovelhas, mas raramente as comiam: usavam-nas como oferenda aos deuses em seus rituais religiosos. Se acaso vendessem as carnes, reservavam as vísceras para o mesmo fim. Já o quiabo tinha papel importante nos carurus, iguaria real, ofertados a Xangô.

Briga com o santo

A mesa brasileira muito dependia de bom plantio, colheitas e clima. E era o macaco guariba ou o canto do bem-te-vi que anunciavam as chuvas bem-vindas. Quando a seca se prolongava insuportavelmente, havia um expediente que, acreditava-se, fazia com que os santos se apressassem a atender às preces por chuvas: trocavam-se seus lugares em oratórios e altares. Muitas vezes, eles eram removidos de seus oratórios originais e só voltavam depois que caísse o primeiro aguaceiro.

Escravizados mal alimentados

Estes constituíam vergonha ao seu senhor. A ração média em uma propriedade abastada compunha-se de feijão-preto, toucinho, carne-seca, canjica, farinha, laranja e banana. Se o escravizado de um senhor menos abastado "pedisse de comer" em outra propriedade, isso seria uma desonra ao senhor.

REGIÃO NORTE
Ingredientes e receitas

Tacacá

A receita tem origem indígena e é uma iguaria típica de toda a região Norte. Semelhante a um mingau, leva goma de tapioca, tucupi, sal, jambu, alho, camarão e pimenta. Tucupi é o caldo feito com mandioca-brava e goma, para quebrar a acidez. A mandioca é ralada e colocada em um grande recipiente cilíndrico chamado tipiti, que deixa o caldo escorrer. Uma vez "colhido o caldo", é cozido e fermentado por alguns dias, antes de ser usado. As folhas de jambu dão um toque especial, pois anestesiam levemente a boca. Para completar, não podem faltar os camarões salgados.

Como servir: muito quente, originalmente em uma cuia. Pode-se fazer uso de cumbucas também. Por causa da temperatura alta, passou-se a utilizar uma pequena cesta na base da cuia para proteger as mãos de quem consome o tacacá.

Para comer: toma-se o tacacá – não se diz "comer" nem "beber" – sorvendo o caldo em pequenas quantidades. O camarão ou o jambu são saboreados depois, com palitos grandes de madeira.

Tambaqui

O tambaqui é um peixe de grande porte e muito popular, de carne mais macia que a do pirarucu. Uma das receitas mais consumidas é a caldeirada, que realça o sabor e a textura da carne. Também costuma ser assado, e uma receita típica é a costela de tambaqui na brasa com molho apimentado de tucupi e farinha de mandioca.

Como servir: assado, acomodado sobre folha de bananeira ou taioba, acompanhado de farofa. Esta, embora possa ser servida à parte, muitas vezes recheia o peixe, o que a deixa úmida e muito saborosa. Quando apresentado inteiro, demanda travessas maiores. Mas pode ser cortado em postas sem problema – aliás, é a versão mais comum em restaurantes, servido em porções.

Em caldeirada, é uma boa pedida para duas ou mais pessoas: vem servido na própria panela funda, com concha para aproveitarmos melhor o caldo. É degustado em pratos fundos.

Em tempo...

Nas regiões Norte e Nordeste, não é comum o uso de pratos fundos – salvo algumas exceções. Dessa forma, são utilizadas cuias para caldos mais ralos. Para alimentos mais sólidos, o prato raso acomoda pirão e outros ingredientes mais úmidos.

Pirarucu

Chamado de "bacalhau da Amazônia", esse peixe, que chega a 3 metros e de carne firme, muito saborosa e com mais gordura, torna-se tenro quando preparado na brasa ou assado. É uma das iguarias regionais mais apreciadas, consumida também na moqueca e até como recheio de escondidinho.

Como servir: pelo seu tamanho, raramente é apresentado inteiro nas travessas. Já seu lombo ou as postas podem ser acomodados com mais facilidade, acompanhados de arroz, purê de batata e pirão.

Bolinho de pirarucu com molho de tucupi

O bolinho do "bacalhau da Amazônia" é uma grande pedida de entrada ou de petisco. O molho de tucupi, servido em uma cumbuca à parte, faz toda a diferença. Se não vier, peça – e mostre que não está lá tão à toa... Outros complementos são as pimentas, de vários tipos (com ênfase nas de cheiro, suaves e perfumadas), e vinagrete.

Em tempo...

Enquanto no Nordeste é comum o uso de azeite de oliva, no Norte os temperos são de fabricação própria: uma mistura personalizada em que a base é o óleo, misturado a vinagre e pimentas da preferência de cada anfitrião ou chef, criando, assim, uma imensa gama de sabores, para todos os gostos: mais ou menos picantes, mais ou menos doces, e por aí vai...

Maniçoba

Conhecida como "feijoada do Norte", é uma receita preparada com a maniva, a folha da mandioca-brava, triturada e cozida por aproximadamente uma semana! Esse expediente garante que seja eliminado o ácido cianídrico, venenoso. Após o longo cozimento, acrescenta-se carne suína e tempera-se com alho, sal, louro e pimenta, tal qual a feijoada tradicional. Como acompanhamento, servem-se arroz branco, farinha de mandioca e pimenta.

A aparência não é bonita: verde e de textura espessa – mas o sabor compensa! Muito popular, a maniçoba é consumida na rua, em pé, como um "almoço executivo" regional. Mas nada impede que seja saboreada à mesa, em casa, ou em restaurantes. Servida bem quente, em cuias, é uma sopa substanciosa e de alto poder nutritivo e até mesmo energético, pois, embora não pareça, é de fácil digestão.

Como servir: em panela de barro ou uma travessa funda, quando em casa ou nos restaurantes. Os acompanhamentos devem ser dispostos em travessas separadas.

Para comer: na rua, em pé, em cuias e com colher. As carnes já vêm cortadas (pois para o cozimento é melhor), o que facilita o consumo.

Em tempo...

A maniçoba também é conhecida e encontrada no Recôncavo Baiano. Por serem regionais, alguns pratos podem ter maneiras distintas de preparar, embora com o mesmo nome, ou, ao contrário, nomes diferentes e receitas iguais. É justamente essa variedade que torna nossa culinária diversa, agradável a (quase) todos os gostos e estimulante – além de muito nutritiva.

Tucunaré

Segundo pescadores experientes, esse é um peixe grande e guerreiro, que, no anzol, dá trabalho e não se entrega. Uma vez no prato, tem sabor versátil e carne muito saborosa. Pode ser apreciado em caldeiradas, frito, à milanesa ou grelhado com molho vinagrete.

Como servir: pelo seu porte, em geral é servido em travessas grandes quando inteiro. Os acompanhamentos podem variar de arroz com pirão a farinha e pimentas.

Saladas

São um acompanhamento versátil em todo o Brasil, mas na região Norte encontramos pouca alface e outras folhas verdes mais macias, como no Sul e no Sudeste. No Norte, as saladas são crocantes e pedaçudas, para resistir bem ao calor e se contrapor à tenra carne dos peixes de rio. Assim, são comuns a mistura de cebola roxa, tomate e chicória temperada com limão ou mesmo um saboroso vinagrete.

Damorida (ou damurida)

É um cozido típico de Roraima e tem sua origem na etnia indígena macuxi (em que se chama tu'ma). E atenção: não é feito só de carne de caça e de peixe, como falam por aí. Vale conferir a descrição de um descendente dos criadores da receita, entrevistado para este livro: "Há muito tempo, quando nossos avós caminhavam por longo período, inventaram um jeito de conservar suas comidas, a carne de caça, pesca e insetos comestíveis, como as lagartas de maniva, as mochivas [larvas de um coqueiro chamado inajá], as formigas manivaras e as tanajuras. Foi aí que nasceu o moquém, uma técnica de assar de forma lenta, com paciência e com perfeição na brasa, e pegando muita fumaça para dar tudo certo, para não deixar queimar. Só depois de tudo moqueado ou desidratado os alimentos eram guardados em cestos, feitos de cipó, ou embrulhados em folhas de bananeira ou outras folhas largas, como as de jenipapo. Serviam muitas vezes para viagens longas. A ideia de fazer a damurida surgiu a partir da necessidade de comer o beiju ou a farinha molhada, que conhecemos como pirão. A damurida tinha que ser ardida, porque comer com pimenta era um dos hábitos dos parentes, e acrescentavam diversos tipos de pimenta, tucupi, água, sal e, por último, o moqueado. O prato era sempre acompanhado da farinha e do beiju".

Como servir: em panela (de barro ou de ferro) ou em travessa funda. Os acompanhamentos devem ser dispostos em travessas separadas. Empratada, pode render uma aparência linda, pois a variedade de cores advinda dos ingredientes propicia um belo equilíbrio estético. Na Festa da Damorida (com um concurso do prato) é assim que os concorrentes apresentam a receita.

Para comer: em prato raso ou em cuias – as carnes não devem ser uma preocupação, já que estarão em pedaços pequenos, que se desmancham facilmente. Pode ser saboreada com colher.

Damorida macuxi

Pela chef
Denise Röhnelt de Araujo

2,5 L de água
100 g de pimentas variadas, inteiras
300 g de folhas de cariru (joão-gomes)
1 kg de postas de peixe de rio limpo (dourado, filhote ou tambaqui)
suco de 1 limão
sal a gosto
2 colheres (sopa) de tucupi negro
pedaços de beiju de mandioca a gosto

Rendimento: **2 porções**

Em uma panela de barro, leve a água, as pimentas inteiras e o cariru para ferver. Limpe o peixe com água, limão e sal e, depois, lave em água corrente. Coloque as postas no líquido fervente e baixe para fogo médio. Quando o peixe e as pimentas estiverem cozidos, apague o fogo, acrescente o tucupi negro e tampe a panela até a hora de servir. Sirva em tigelas fundas ou em cumbucas de tacacá, com um pedaço do beiju de mandioca.

Dica

- Caso não consiga comer comidas apimentadas, a sugestão é utilizar pouca pimenta ardosa e completar com as de cheiro que sejam suaves.
- O cariru pode ser substituído por folha de batata-doce.

Damorida de cogumelos

Pela chef
Denise Röhnelt de Araujo

2 L de água
8 pimentas variadas, inteiras
10 pimentas-de-cheiro que não ardem
2 colheres (sopa) de pó de cogumelo Yanomami Sanöma
15 g de cogumelos Yanomami Sanöma
300 g de cogumelos shiitake e shimeji
2 colheres (sopa) de tucupi negro
pedaços de beiju de mandioca a gosto
sal a gosto

Rendimento: **2 porções**

Em uma panela de barro coloque a água, todas as pimentas inteiras, o pó de cogumelo e os cogumelos Yanomami (previamente hidratados) para ferver. Após abrir fervura, reduza para fogo médio. Em uma frigideira antiaderente, grelhe os cogumelos shiitake e shimeji e, depois, acrescente na panela em que estão os outros ingredientes. Deixe cozinhar por 30 minutos em panela tampada, em fogo médio, até as pimentas estarem macias. Ajuste o sal se quiser. Coloque o tucupi negro e tampe a panela até a hora de servir. Sirva em tigelas fundas ou em cumbucas de tacacá com um pedaço do beiju de mandioca.

Dica

- Podem ser utilizados os cogumelos de sua preferência ou os que você encontrar.
- Caso não goste de comidas picantes, coloque apenas 2 pimentas dedo-de-moça ou malaguetas inteiras. A picância está nas sementes, por isso as pimentas são cozidas inteiras aqui.

Açaí

As propriedades antioxidantes do açaí acabaram elevando o status da frutinha amazônica. Tornou-se moda no mundo. Seus adeptos apreciam a polpa com xarope de guaraná, como se fosse um creme gelado. Mas, na região Norte, o açaí nem sempre é consumido assim. Com sua polpa é feita uma sopa fria, que pode ser degustada com farinha de tapioca.

Como servir: quando em sopa, em cumbucas ou pratos fundos. No Norte, costuma ser tomado puro, pois é consistente e dispensa torradas, farinha ou pão.

Em tempo...

O purê de açaí pode ser acompanhamento de peixes e é preparado como pirão espesso para ser servido nas refeições. O contraponto do sabor é perfeito!

Batipuru

Prato de origem maranhense, mas amplamente consumido no Norte, preparado com cariru (joão-gomes) e azedinha. A erva joão-gomes pode, eventualmente, ser substituída por espinafre. Bem refogadas com alho e cebola, agregam-se camarão e bacon e/ou linguiça. Depois de pronto, o batipuru adquire uma textura pastosa. Pode ser acompanhado por arroz, farofa e peixe.

Como servir: em restaurantes, o batipuru vem em cumbucas, com o peixe por cima. Em casa, podemos servir assim ou em travessa funda com os acompanhamentos separados.

Guaraná

Com propriedades estimulantes, conhecemos o pó proveniente do guaraná, a lendária fruta amazônica, adicionado a sucos e a vitaminas. Em lojas especializadas, a versão mais básica de guaraná leva mel e limão. Há receitas que usam ingredientes como açaí, abacate, amendoim e castanha – mas que não são bem-vistas pelos moradores locais. Simples assim. Eles usam o xarope de guaraná puro, comprado facilmente em mercados, em supermercados e até em máquinas. Por se tratar de um xarope concentrado, já é adocicado e tomado com muito gelo, como refresco. Pode-se acrescentar açúcar ou não – aliás, o açúcar é muito apreciado nas regiões Norte e Nordeste. Talvez por terem abrigado grandes engenhos por séculos, esse ingrediente acabou virando parte da cultura gastronômica – além de acrescentar doçura à vida por vezes difícil dessa população valente.

Pato no tucupi

Ícone da região e obrigatório na festa do Círio de Nazaré, quando toda família faz um esforço extra para saborear essa iguaria, o pato no tucupi é considerado um prato festivo e requintado. E é! Seu mix de sabores acaba explodindo na boca: a carne, de sabor acentuado, é cozida no caldo de tucupi. Além disso, o caldo leva chicória, cebolinha e jambu, a planta que amortece levemente a boca. Cozida demoradamente nesse caldo, a carne torna-se bem tenra, até quase desmanchar. Seu acompanhamento: arroz de jambu ou de castanhas picadas jogadas ao final, além das mais variadas farinhas – que, nesse prato, são indispensáveis!

Como servir: em travessa funda ou mesmo na própria panela em que foi cozido, com o caldo de tucupi e o jambu. E, em outras travessas, o arroz, o pirão e as pimentas (caso sejam oferecidas).

Para comer: aproveite cada um dos contrastes e a riqueza de sabores, principalmente a sensação do jambu na boca, que realça os outros ingredientes.

Pato no tucupi

Receita de

Paulo Martins, referência da cozinha paraense, interpretada por sua filha, a chef Daniela Martins
@epralevar

Para a vinha d'alhos
5 limões
3 cabeças de alho
500 mL de vinho branco
1 pimenta-de-cheiro
sal a gosto
água o suficiente para cobrir o(s) pato(s)

Rendimento: **2 porções**

Para o pato
3 kg de pato ou 2 patos médios, inteiros
6 L de tucupi
20 pimentas-de-cheiro
2 cabeças de alho
1 maço de alfavaca
1 maço de chicória do norte
sal a gosto
6 maços de jambu

Em um recipiente, prepare a vinha d'alhos com o suco dos 5 limões, as 3 cabeças de alho (socadas), o vinho branco, a pimenta-de-cheiro, o sal e a água. Tempere os patos com a vinha·d'alhos e deixe descansar de um dia para o outro na geladeira.

No dia seguinte, asse os patos em forno médio por aproximadamente 90 minutos. Em uma panela, coloque para ferver o tucupi com 3 pimentas-de-cheiro, as 2 cabeças de alho, a alfavaca, a chicória do norte e o sal. Quando os patos esfriarem, corte-os em quatro pedaços cada.

Em outra panela, coloque 2 litros de tucupi já temperado e ferva os patos em pedaços, até ficarem bem macios. Esses 2 litros iniciais, para ferver, ficam com bastante gordura do pato. Conforme o cozimento avançar, vá retirando a gordura e acrescentando mais tucupi.

Separe as folhas do jambu com os talos mais tenros. Lave em água corrente e, em uma panela de água fervente e sal a gosto, escalde levemente. Escorra e reserve.

Faça um molho com o restante das pimentas-de-cheiro amassadas com sal a gosto e 1 dente de alho socado, completando com um pouco de tucupi quente.

Sirva em prato fundo, colocando os pedaços de pato e cobrindo-os com o jambu e o tucupi temperado. Acompanha arroz branco, farinha d'água e o molho de pimenta

Sorvete de taperebá

A vegetação variada do Brasil traz uma diversidade tão ampla de frutas que é difícil, para quem é de uma região, conhecer as frutas de outro ponto do país. Especialmente no Norte, encontramos delícias que pouco atravessam os caminhos para chegar ao Sul e ao Sudeste do país: bacuri, cajá, taperebá, açaí, araçá... uma festa para o paladar! Conciliar esse sabores com o frescor de um sorvete degustado em meio ao calor tropical é uma experiência necessária e inesquecível. Taperebá é uma dessas frutas, e seu sabor bem azedinho, somado a um perfume singular, presta-se a sorvetes leves e superdigestivos!

Como servir: em casa, em cuias ou cumbucas próprias para sorvetes. Se quiser, faça um contraponto com algum beiju doce e crocante ou mesmo castanhas.

X-caboclinho

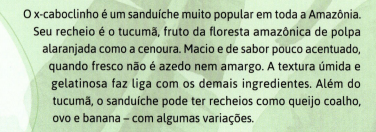

O x-caboclinho é um sanduíche muito popular em toda a Amazônia. Seu recheio é o tucumã, fruto da floresta amazônica de polpa alaranjada como a cenoura. Macio e de sabor pouco acentuado, quando fresco não é azedo nem amargo. A textura úmida e gelatinosa faz liga com os demais ingredientes. Além do tucumã, o sanduíche pode ter recheios como queijo coalho, ovo e banana – com algumas variações.

Como servir: em pratos de sobremesa.

Para comer: usamos as mãos – embora isso nem sempre seja fácil, pois o x-caboclinho tende a se desmontar. Mas usar talheres em um lanche assim seria mais difícil ainda, portanto o jeito é se adequar a aproveitar os sabores!

Cupuaçu

A primeira vez que provei cupuaçu foi uma revelação! De lá para cá, sempre tento definir o sabor exótico dessa fruta: aromático e azedinho, ele se transforma; pode ser mais azedo, ou mais perfumado, ou mais instigante... A verdade é que é muito singular – único e inesquecível! Muito abundante na floresta amazônica, com ele são feitos sucos, bombons, balas, sorvetes, caldas para bolos e sobremesas... uma festa! A mousse de cupuaçu é uma sobremesa oferecida em muitos dos restaurantes da região, assim como o sorvete. Não deixe de experimentar. E encante-se!

Em tempo...

Uma sugestão de lembrança diferente e acessível para levarmos da região Norte e presentear alguém é a bala de cupuaçu: por fora, tem doce de leite, e o recheio delicado é puxa-puxa. Doce e perfumada...

SUGESTÃO DA CHEF DENISE RÖHNELT DE ARAUJO

Entrada
Damorida de cogumelos (p. 30)

Prato principal
Frango no tucupi com jambu

Frango ensopado cozido no tucupi amarelo temperado com pimenta-de--cheiro, jambu, coentro e cebolinha, servido com arroz branco e farofa de banana-da-terra (pacovã) frita

Sobremesa
Taça de cupuaçu com ganache de chocolate

Mousse de cupuaçu com cobertura de ganache de chocolate amazônico

Região

Norte
Nordeste
Centro-Oeste
Sudeste
Sul

DANI FAÇANHA

É PROPRIETÁRIA E CHEF DA POUSADA MORRO DOS NAVEGANTES, EM ILHÉUS (SUL DA BAHIA). OS FRUTOS DO MAR OCUPAM LUGAR ESPECIAL EM SUA COZINHA: MOQUECAS, LAGOSTAS, CAMARÕES E RELEITURAS DE PRATOS FRANCESES COM INGREDIENTES NORDESTINOS. TAMBÉM SE DESTACA PELOS PREPAROS COM FRUTAS TROPICAIS.

 @MORRODOSNAVEGANTES

FAUSTINO PAIVA

FILHO DE AGRICULTORES DO SERTÃO DO CEARÁ, TRABALHOU TAMBÉM COMO AGRICULTOR. FOI PARA O RIO DE JANEIRO, ONDE SE TORNOU CHEF DE COZINHA, E HOJE É PROPRIETÁRIO DO CANTINHO DO FAUSTINO, RESTAURANTE LOCALIZADO EM TERESINA, NO PIAUÍ.

 @CANTINHODOFAUSTINOTHE

ONILDO ROCHA

PROPRIETÁRIO DO COZINHA ROCCIA, EM JOÃO PESSOA, ONDE PRATICA O QUE CHAMA DE COZINHA ARMORIAL – EM UMA REFERÊNCIA AO MOVIMENTO ARMORIAL DO ESCRITOR (TAMBÉM PARAIBANO) ARIANO SUASSUNA: TRANSFORMAR CONCEITOS POPULARES EM ERUDITOS. MISTURA TÉCNICAS FRANCESAS COM INGREDIENTES DA MATRIZ NORDESTINA, UTILIZANDO EM SEU RESTAURANTE PRODUTOS LOCAIS.

 **@ONILDOROCHA**

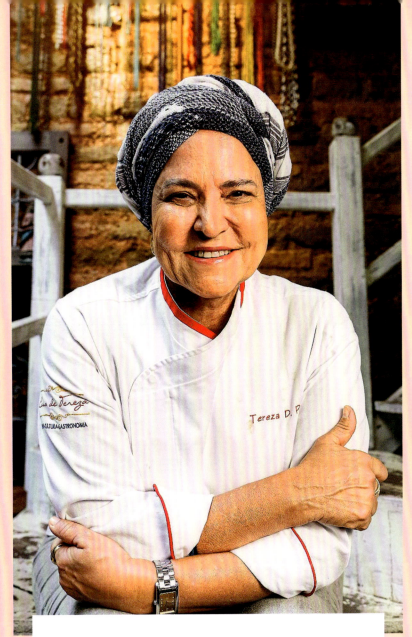

TEREZA PAIM

À FRENTE DE SEU PREMIADO CASA DE TEREZA, A CHEF DEDICA SEU TRABALHO E SUA PESQUISA AOS INGREDIENTES LOCAIS, PARA DESENVOLVER UMA COZINHA BAIANA QUE LEGITIMA OS SABERES E SABORES DA BAHIA COM INFLUÊNCIAS DA ESPANHA, DE PORTUGAL E DA ITÁLIA.

WWW.CASADETEREZA.COM.BR

VAN RÉGIA

PROPRIETÁRIA DO CULINÁRIA DA VAN, ESPAÇO DE COMIDA E MÚSICA EM FORTALEZA. SEGUNDO A CHEF CEARENSE, SUA COZINHA VEM DAS RECEITAS DA AVÓ MARIA ADELAIDE E DA MÁGICA QUE ELA FAZIA COM POUCOS INGREDIENTES: UM COZIDÃO, UMA PANELADA, UMA PAÇOCA DE PIRARUCU.

 @CULINARIA.DAVAN

WANDERSON MEDEIROS

UM DOS NOMES DE DESTAQUE DA GASTRONOMIA NORDESTINA, MESCLA TÉCNICAS APURADAS COM OS INGREDIENTES REGIONAIS. É RESPONSÁVEL, EM MACEIÓ, PELO RESTAURANTE PICUÍ – NOME DA CIDADE PARAIBANA ONDE PASSOU A INFÂNCIA. É TAMBÉM ATIVISTA NO TRABALHO DA DEPURAÇÃO DE OSTRAS, QUE MOVIMENTA AS COMUNIDADES LITORÂNEAS DA REGIÃO.

 @PICUI

O QUE SE BEBIA, ALÉM DA ÁGUA

Em meio ao calor, à comida condimentada e à doçaria mais carregada no açúcar, é natural que a preferência no Brasil fosse por água – refrescante, saudável e acessível a todos. Os nativos, desde sempre, desfrutavam dos rios e das fontes.

Bebia-se água à mesa do dia a dia, e, nas casas mais abastadas, era vinho português. Nas residências mais luxuosas, a água era apresentada com pompa, em um grande copo comunitário sobre uma salva (uma bandeja) de prata. Nas não tão ricas, havia uma imensa talha colocada em um canto da sala com um copo – também comunitário – preso ao cabo. Os moradores e/ou hóspedes serviam-se ali, conforme a necessidade.

Mas, ainda que pareça um contrassenso em razão da grande quantidade de rios, a água boa e potável não era suficiente. De maneira que, além dela, outras bebidas e líquidos foram sendo incorporados à dieta para ajudar a refrescar e proporcionar mais energia aos que circulavam e trabalhavam sob o sol inclemente.

REFRESCO TROPICAL

Há relatos de uma bebida preparada com "água colhida das folhas de bromélias", por meio de uma técnica dominada pelos indígenas. Acrescida de suco de limão, aguardente e açúcar, resultava em um delicioso refresco. Sim, provavelmente esse refresco tropical foi o precursor da nossa caipirinha...

CACHAÇA

Era também popular, claro, mas, ao contrário do que se pensa, mais usada em dia de festa, quando a ingestão em quantidades enormes resultava em grandes bebedeiras. Existem relatos de gente "fora de si", e os nativos a batizaram de bebida de fogo ou *Cauim tatá*. Misturada com mel, a cachaça transformava-se em remédio usado contra tremedeiras e febre.

CALDO DE CANA

Também chamado de garapa, doce e refrescante, proporcionava energia extra, assim como o mel. O caldo de cana era mais consumido pelos escravizados.

VINHO AFRICANO (OU VINHO DE PALMA)

Os escravizados tomavam essa bebida produzida a partir da palmeira de dendê, assim como uma infusão de sementes, sorgo e milhetos. O vinho de palma ainda é consumido em países africanos como Benim, Guiné-Bissau e Angola. Na Bahia, também é conhecido como emu e usado em rituais do candomblé.

CERVEJA BRASILEIRA

A cultura do milho no Brasil permitiu a criação das primeiras cervejas artesanais ainda na época colonial. O sucesso foi tamanho que, segundo o historiador e folclorista Luís da Câmara Cascudo, seu consumo se espalhou por mares do Senegal ao oceano Índico.

VINHO PORTUGUÊS

Nas mesas ricas e nos conventos ele reinava absoluto – e o faria durante muito tempo. Chegava da "terrinha", geralmente da cidade do Porto e da Madeira, e era consumido em abundância em festas como Natal e Páscoa e em recepções oficiais.

LIMONADA

Veio para ficar: muito apreciada, além do efeito refrescante tinha a vantagem de facilitar a digestão de comidas mais gordurosas.

LARANJADA

Mesmo com a grande quantidade de laranjas e pés da fruta, o suco de laranja não era muito difundido, já que azedava no calor e precisava ser consumido no momento em que era feito.

ÁGUA DE COCO

Incorporada ao cardápio principalmente por seu sabor delicado, era popular por ser considerada bebida "desalterante", rebatendo os efeitos do vinho e da aguardente. Hoje sabemos que a água de coco, além de alimentar, hidrata o corpo.

GUARANÁ

Feito com a fruta amazônica, foi consumido desde o século XVIII. Aos escravizados, proporcionava mais energia. Misturava-se ao pó de guaraná um quartilho de água com açúcar para amenizar o sabor desagradável, ligeiramente amargo.

CAFÉ

Surgiu mais tarde, por volta do século XIX, e foi incorporado ao desjejum matinal justamente para rebater eventuais excessos de cachaça ingerida na véspera.

CHÁ

Principalmente a partir do século XIX, era tomado regularmente à noite, sempre servido em xícaras entre 20 e 22 horas.

BOIS, DROMEDÁRIOS E FORMIGAS

Segundo Mary Del Priore, desde 1530, com as capitanias hereditárias, a pecuária já se desenvolvia no Nordeste, espalhando o gado aos poucos. Vindos de Goiás, os bovinos passaram por Mato Grosso, Piauí, Bahia e Pernambuco, chegando até o Ceará.

A vida era dura, e a escassez de água, muita. Há registros do século XVIII de que os homens comiam apenas carne de vaca assada – pois não possuíam panelas –, laticínios e mel que colhiam com paus. A água consumida, de poças, era turva e salitrada.

Em 1837, foi aprovada uma lei pelo presidente da província do Ceará que autorizava a importação de dromedários para que se adaptassem ao nosso clima – o qual julgavam parecido com o do deserto. Fortes (carregam até 300 kg no lombo) e resistentes à seca, os animais viriam do norte da África, passando pelas Canárias. Aqui, seriam úteis no dia a dia nordestino.

Embora pareça exótico, camelos já eram utilizados para fins agrícolas com sucesso em países como Itália e Espanha. Aqui, a ideia não vingou. Eles não se adaptaram, e há quem culpe as estradas de ferro, que começavam a se expandir, pelo fracasso dos grupos de dromedários no Brasil. Assim, apesar de algumas levas terem sido importadas, os animais perderam sua utilidade.

Por fim, as formigas. Em crônicas dos mais variados viajantes – incluindo o padre José de Anchieta –, desde o Descobrimento esses insetos são descritos como a grande praga do país. A quantidade era tamanha que os portugueses a elas se referiam como "o Rei do Brasil". De todos os tipos – desde a içá até a temida saúva –, chegavam a devastar árvores e moradias, atacando de dentro para fora.

Havia que ser muito valente a população que aqui se dispunha a lançar as bases para uma vida – fosse ela familiar ou apenas para fins comerciais. Força, ousadia e otimismo tinham de fazer parte dessa receita de temperamento.

Pensando bem, esse mix de alegria e resistência é o retrato da alma nordestina através dos séculos – até hoje!

HISTÓRIAS DA GENTE BRASILEIRA, DE MARY DEL PRIORE

Mix exótico

O molho de coco – provável precursor do nosso leite de coco industrializado – era frequentemente harmonizado com pratos salgados, como lagostas, fritada de siri e mariscos, ou dando sabor ao arroz que acompanhava uma guaiamunzada.

Peixes e pescaria

O pescado constituía item fundamental para a alimentação dos escravizados, uma vez que a carne era mais rara e cara. Assim, as fazendas perto de rios organizavam armadilhas engenhosas e variadas para a pescaria: depois de assegurado o peixe, ele era frito, secado ao sol ou preparado em saborosas conservas.

Armadilhas para os peixes

Havia um método composto de vários apetrechos: jequi, um cesto cônico de taquaras que atraía e prendia os peixes. Era seguro por cipós presos a estacas. Outro acessório era a grosseira: sistema de estacas interligadas em que se prendiam linhas e anzóis. Finalmente, o chiqueiro de taquara: uma armadilha que se fechava quando o peixe mordia a isca – que variava de minhocas a penas e sabugos de milho.

Atividade feminina

No século XIX, a ocupação das mulheres pouco tinha evoluído desde os primeiros tempos coloniais, não só no Nordeste como no restante do país. Em grandes fazendas e nas casas, escravizadas ou livres, elas se ocupavam de tarefas que incluíam levar comida para os porcos, fazer farinha, espalhar feijão, cozinhar óleo, torrar o sal, salgar e fatiar as carnes, levar o milho para a moenda.

Algumas pretas livres, embora pobres, dominavam o pequeno comércio e vendiam pães, doces e outros quitutes. As padeiras no período colonial eram numerosas, e uma delas, Domingas Simões Pinheiro, ficou famosa em Salvador. Havia na cidade nove mulheres donas de tavernas, padarias e vendas. Com o tempo, elas passariam a vender também fitas de seda, fazendas de algodão e tecidos indianos.

REGIÃO NORDESTE

Ingredientes e receitas

Acarajé

De todos os pratos nordestinos, certamente esse é um dos mais populares e conhecidos – seja pela mística das baianas que, majestosas, os vendem até hoje em tabuleiros, seja pelo mix de sabores, realmente delicioso. Tamanhas são a popularidade e a aceitação dessa iguaria, que o Ofício das Baianas de Acarajé é considerado Patrimônio Cultural Imaterial do Brasil.

A receita, de origem africana, tomou conta da Bahia e espalhou-se por todo o Brasil: um bolinho feito de feijão-fradinho, sal e cebola, frito no azeite de dendê e recheado com camarão seco, caruru, vatapá e pimenta – o recheio fica a gosto. É bastante comum comer com molho vinagrete. Diz a lenda que o recheio de tomate verdinho (pois o maduro acaba amolecendo no calor) foi incorporado para agradar à Miss Brasil Martha Rocha, baiana, que em uma festa para qual foi convidada teria comentado essa preferência. E acabou criando escola...

Também é comum sentir o gosto acentuado do gengibre, que cumpre a dupla missão de neutralizar odores mais fortes do camarão e de dar um toque refrescante ao recheio.

Sabidamente, essa é uma receita melhor digerida à sombra: embora muita gente saboreie acarajés em passagem apressada nos aeroportos (ou em restaurantes turísticos), o ideal mesmo é desfrutar devagar seus sabores e aromas, aproveitando cada momento.

As "baianas de ponto", como são chamadas as vendedoras oficiais da iguaria, só se colocam a postos depois que o sol se põe. Ou, pelo menos, a partir das 17 horas, quando o calor já cedeu um pouco.

Como servir: quando na rua, em guardanapo de papel, para ser comido com as mãos, como um sanduíche. Na praia, é servido em pratinhos descartáveis, o que permite que seja partido em até quatro pedaços para compartilhar. Em casa, como entrada ou lanche, usam-se pratinhos de sobremesa. Os acompanhamentos são colocados em recipientes separados, para que cada um se sirva do que preferir.

Para comer: na maior parte dos lugares, come--se com a mão ou, quando partido em pedaços, com palitos. Na rua, no momento da compra, você pode pedir quente ou frio. Os adjetivos não se referem à temperatura, mas à quantidade de pimenta no recheio. Só pedem o quente os nativos da região ou os amantes da comida muito apimentada. Se não for esse o seu caso, "esquente" aos poucos. Alguns restaurantes vendem o acarajé em porções menores para viagem.

Em tempo...

Baiano que é da gema só come o acarajé na rua, em pé! E ponto.

Acarajé

Pela chef
Tereza Paim

500 g de feijão-fradinho
50 g de cebola branca ralada
sal a gosto
2 L de azeite de dendê (para fritar)
1 cebola branca média com casca (para fritar)

Rendimento: **8 porções**

Bata o feijão rapidamente no liquidificador em modo pulsar para quebrar os grãos. Em seguida, coloque-o em uma tigela coberta com água e deixe de molho de um dia para o outro (ou por pelo menos 3 horas).

Com as mãos, solte as cascas do feijão, que vão boiar na água, e retire-as com uma escumadeira.

Escorra a água e leve o feijão ao multiprocessador para triturar e fazer a massa. Você também pode usar um liquidificador ou, ainda, a velha máquina de moer.

Acrescente a cebola ralada e o sal ao feijão e bata novamente até formar uma massa bem fofa, bastante aerada. Nessa etapa você pode usar a batedeira ou mesmo uma colher grande.

Com a ajuda de duas colheres de sopa, faça pequenos bolinhos de massa, passando-os de uma colher para outra, para modelar os acarajés. Você vai precisar de um pouco de prática para modelar os acarajés. Não se aborreça se, durante a fritura, os primeiros se esparramarem no azeite e ficarem parecendo um "bolachão" frito. Devagar se vai longe!

Em uma panela funda, leve o azeite de dendê ao fogo alto com a cebola inteira com casca até ferver. (A cebola ajuda a não queimar o azeite.)

Coloque os acarajés no dendê quente, sem mexer. A baiana sempre testa sua massa fritando um pequeno acarajé primeiro para ver se está suficientemente aerado.

Espere estarem fritos por baixo para virar, senão eles ensopam de azeite. Antes de virar os acarajés, pode-se colocar um camarão seco defumado na massa. Ficam bem bonitos!

Depois que estiverem fritos de todos os lados, retire os acarajés da panela e sirva ainda quentes.

Dica

- Se estiver na Bahia, você poderá comprar seu feijão já lavado e moído, congelado para viagem, em qualquer mercado. Nos supermercados também é possível encontrar a massa do acarajé desidratada para levar.

Dois carurus

Sim, existem dois carurus na Bahia – e são diferentes!

Caruru de quiabos

Nesta versão, o quiabo é picado miúdo e refogado com azeite de dendê, camarão seco, sal e pimenta. Esse prato é uma comida de santo. É chamada de efó nos terreiros e muito usada no candomblé.

Aluá

Bebida feita com água, gengibre e rapadura. Em algumas versões, tem base de abacaxi. A mistura é deixada para fermentar por pelo menos cinco dias. É tomada em terreiros de candomblé, onde os convidados a apreciam em copos com bastante gelo. Na Bahia, em casas mais tradicionais, ainda se oferece o aluá em festas – seu sabor é único!

Caruru de folhas

Essa erva tem vários nomes dependendo da região e aparece em registros desde 1638. É uma folhagem que em alguns lugares chamam de bredo (Paraíba e Pernambuco). No Maranhão e na região Norte, é conhecida como joão-gomes e cariru. Na Bahia, é caruru. A folha é parecida com a do espinafre, mas o sabor é mais acentuado, iniciando com notas doces e terminando com algum amargor. Come-se refogada com alho e cebola, mas também é refogada com leite de coco, tornando-se mais perfumada.

Outras folhas são usadas no caruru. A receita pode ser feita com espinafre, azedinha (muito comum), jambu, escarola e chicória (que lá é bem mais ardida e se parece com a catalônia).

Vatapá

O vatapá, como a grande maioria de receitas baianas, veio da África (onde se chama, até hoje, latipá). Originalmente, era um creme feito com inhame. Porém, para as escravizadas que vendiam acarajé (no qual o vatapá vai como recheio), o inhame era caro. Daí usarem – como fazem até hoje – a farinha de trigo. Esse ingrediente, além de menos custoso, dá liga. O ponto correto é de uma cremosidade tenra que não escorre do acarajé. Para um sabor ainda mais especial, usa-se pão de três dias triturado. O sabor e a textura ficam muito mais delicados... O vatapá é um acompanhamento muito popular e combina também com arroz, além de ser usado como recheio de tortas, empadas e pastéis.

Buchada de bode

A buchada de bode é um exemplo de receita incorporada em todo o Nordeste, particularmente em Pernambuco, e aperfeiçoada! É feita com as entranhas do animal (rins, fígado e vísceras) lavadas, fervidas, cortadas, temperadas e cozidas em bolsas feitas com o próprio estômago do bode. O cozimento em caldo de mocotó torna o pirão que acompanha especialmente saboroso – além de ser rico em colágeno!

A receita original é atribuída aos celtas. Séculos mais tarde, teria chegado a Recife pelos judeus sefarditas de origem portuguesa que, no século XVII, fundaram em Pernambuco a primeira sinagoga do Brasil. Eles vieram para a então colônia holandesa atraídos pela liberdade de culto religioso. Daí o sabor singular da buchada, que traz, entre as especiarias usadas em seu cozimento, ervas secas como cardamomo, cravo e cominho.

Como servir: em uma travessa grande e mais para funda. A buchada deve ser servida de imediato, nunca requentada, pois seu aroma marcante não se presta a isso. Os acompanhamentos devem ser apresentados em travessas separadas. Pirão, molho de pimenta e arroz branco são os acompanhamentos mais indicados. É comum servir um cálice de cachaça antes, para realçar o sabor da buchada e facilitar a digestão posterior.

Para comer: em prato raso, fazendo uso de garfo e faca.

Em tempo...
Na Bahia, a buchada é conhecida também como... "mininico"!

Abará

Trata-se de um bolinho de feijão-fradinho com cebola e sal. É a mesma massa do acarajé, só que mais temperada – leva dendê e camarão seco – e servida em formato de um pastelzinho branco triangular. Em vez de frito, como ocorre com o acarajé, o bolinho é embrulhado em folha de bananeira e cozido em banho-maria. Pode ser comido puro, mas geralmente é acrescido (assim como o acarajé) de camarão, caruru, vatapá, salada e pimentas. Típico da culinária baiana – vem como acompanhamento da moqueca de peixe –, também é encontrado e apreciado no Pará, onde é apresentado mais alto e com textura mais firme.

Como servir: embrulhado na própria folha de bananeira na qual foi cozido. Essa é sempre sua melhor apresentação – aliás, tal qual quando compramos em barraquinhas de rua. Em restaurantes ou em casa, abre-se a folha, fatia-se o abará como um bolo e, entre uma e outra fatia, coloca-se o recheio enfeitando, pois o camarão empresta cor, assim como o vatapá e o caruru. Dependendo da quantidade, as folhas de bananeira são dispostas em grandes travessas. Para servir individualmente, como entrada, são usados pratinhos de sobremesa.

Para comer: em prato de sobremesa, com garfo e faca. Originalmente, retira-se a folha que envolve o abará. Em ambientes mais informais, pode-se comer com a mão.

Detalhe elegante
Em São Paulo, durante uma vernissage no Museu de Arte Moderna (MAM), tive uma das experiências mais incríveis de ajuste fiel de comida regional. Por ser uma vernissage com coquetel volante, foram servidos, como "canapés", míni *vol-au-vent* de vatapá em dupla com blinis de acarajé! O autor da proeza foi o pesquisador Carlos Manoel Almeida Ribeiro, que nos concede consultoria preciosa para estas receitas.

Abará

Pela chef
Tereza Paim

500 g de feijão-fradinho
100 g de cebola branca ralada
50 g de camarão seco, com a cabeça e sem os olhos, triturado
8 g de gengibre ralado
70 mL de azeite de dendê
sal a gosto
1 folha de bananeira desidratada

Rendimento: **8 porções**

Bata o feijão rapidamente no liquidificador em modo pulsar para quebrar os grãos. Em seguida, coloque-o em uma tigela coberta com água e deixe de molho de um dia para o outro (ou por pelo menos 3 horas).

Com as mãos, solte as cascas do feijão, que vão boiar na água, e retire-as com uma escumadeira.

Escorra a água e leve o feijão ao multiprocessador para triturar e formar uma massa fina. Você também pode usar um liquidificador ou, ainda, a velha máquina de moer.

Acrescente a cebola, o camarão, o gengibre, o dendê e o sal à massa de feijão. Usando uma batedeira ou uma colher grande, bata até que ela cresça e fique bastante aerada.

Corte a folha da bananeira em retângulos de aproximadamente 10 cm × 6 cm.

Enrole uma ponta de cada retângulo para formar cones. Preencha-os com a massa do abará e dobre a outra ponta para fechar.

Arrume os cones em uma cuscuzeira e leve para cozinhar no vapor por 40 minutos em fogo alto.

Retire do fogo e sirva os abarás, quentes ou frios.

Dica

- Caso sobrem abarás, você pode guardá-los para apreciá-los em outro momento: é um prato que congela muito bem.

Caranguejada

Servida sempre com o caranguejo inteiro. Eles vêm em tábua com um martelinho, que é usado para quebrar bem a casca e facilitar a retirada da carne. Faz sujeira, e ninguém se incomoda muito com isso. Cada um tem sua tábua pequena no lugar de prato.

O preparo tem duas versões. Em uma delas, fervem-se os caranguejos em água com cebola, coentro, pimentão, sal, colorau, alho e pimenta, para serem consumidos com esse caldo.

A outra versão tem duas etapas: na primeira, os caranguejos são fervidos em água, e o líquido é descartado. Você reserva os crustáceos e, na panela, ferve leite de coco em profusão com aqueles mesmos temperos. Os caranguejos são então adicionados nesse caldo aromático e cozidos em fogo baixo por pelo menos 20 minutos, para incorporar o sabor. É um prato trabalhoso de preparar e comer – mas vale cada segundo gasto em ambas as fases!

Como servir: com o caldo na própria panela, pois os caranguejos ficam secos em pouco tempo. Como acompanhamento, pirão em uma travessa funda separada.

Para comer: não devemos ter medo de bater com o martelo e quebrar a casca. Come-se com as mãos. Em casa, o anfitrião pode colocar pequenas cuias individuais para que o convidado mergulhe a carne do caranguejo no caldo de cozimento e, depois, tome esse caldo delicioso.

Em tempo...

No Nordeste dificilmente veremos lavandas em restaurantes, mas, em casa, esse tipo de refeição, ainda que informal, torna-se muito mais confortável para o convidado quando há uma lavanda ao lado para limpar as mãos. Sim, pois apenas o guardanapo não dá conta: descascar e comer caranguejos pode ser uma missão que inclui caldo, gordura, pedaços de casca e carne nas mãos – tudo junto e misturado.

E o que seria essa lavanda?

A lavanda é uma cumbuca pequena apresentada sobre um pratinho de sobremesa (ou de pão) com 1 ou 2 dedos de água e uma rodelinha fina de limão. Assim, podemos mergulhar os dedos e secá-los no guardanapo. O limão serve para desengordurar, se for o caso. Embora não seja obrigatório, funciona – além de ser decorativo. Ao segurar e apertar levemente a rodela, nos livramos do odor nas mãos e da gordura em um só movimento.

As cumbucas podem ser de metal, madeira, resina, acrílico, plástico...

É um pouco mais trabalhoso, mas compensa para o anfitrião, pois a mesa fica muito mais em ordem, e os guardanapos (de pano ou papel) não são destruídos com a gordura e a sujeira.

Sururu de capote

Sururu é um marisco de água doce, e sururu de capote é um prato típico alagoano. Tem fama de afrodisíaco, e sua popularidade o levou a ser classificado oficialmente Patrimônio Imaterial do Estado.

Trata-se de um caldo à base de leite de coco, vinho branco, polpa de tomate, cebola, alho, azeite de oliva, bouquet garni (tomilho, louro e salsinha), suco de limão, pimentão vermelho, salsa, cebolinha, pimenta dedo-de-moça, urucum e farinha de mandioca. E pedaços minúsculos do sururu – que já é um molusco muito pequeno. O capote, no caso, é a casca da qual ele é retirado.

É sempre acompanhado de pirão, pimenta e purê de macaxeira e pode ser servido ainda com arroz branco. Embora seja considerado prato principal, seu caldinho também pode ser degustado como entrada.

Como servir: em tigela, e os acompanhamentos devem vir em travessas separadas. Nas casas, algumas pessoas colocam pratinhos de pão ou cumbucas menores para descartarem as cascas vazias. Nos mercados e restaurantes, não é o que acontece. Mas não se acanhe em pedir, assim como uma porção extra de guardanapos de papel para limpar os dedos.

Para comer: em cuias, tomando o caldo com a ajuda de uma colher. No entanto, use as mãos para retirar o sururu da concha.

Em tempo...

O sururu de capote tem um nome simpático e é uma delícia, mas um dos campeões de sabor é o sururu no coco. Já fora da concha, o molusco empresta sabor ao delicioso leite desse fruto. É daqueles pratos para degustar rezando...

65

Sururu ao leite de coco

Pelo chef
Wanderson Medeiros

20 mL de óleo de coco
30 g de alho picado
50 g de cebola em cubinhos
40 g de pimentão vermelho em cubinhos
40 g de pimentão amarelo em cubinhos
40 g de pimentão verde em cubinhos
250 g de sururu sem casca e bem lavado
300 mL de leite de coco

25 g de extrato de tomate
5 g de sal
2 pimentas-de-cheiro picadas
1 pimenta dedo-de-moça picada
50 mL de água de coco natural
½ limão
5 g de coentro

Rendimento: **4 porções**

Em uma panela, aqueça o óleo e coloque o alho para refogar. Acrescente a cebola e refogue mais um pouco, sem deixar dourar. Coloque os pimentões nesse refogado, deixando cozinhar até ficarem murchos. Acrescente o sururu e misture bem. Quando aquecer, coloque o leite de coco, o extrato de tomate e o sal. Deixe cozinhar por 7 minutos e finalize com as pimentas, a água de coco, o suco do limão e o coentro. Acerte o sal e sirva quente.

Para dar mais charme na apresentação, pode ser servido na cuia de coco.

Dica

- Finalizar a receita com água de coco – não só essa, mas outras que levam leite de coco – deixa o prato mais suave, sem prejuízo do sabor.

Mocororó

Bebida de origem indígena, obtida do suco de caju fermentado. Nesse processo, chega a ficar um mês fermentando. Seu sabor é azedinho e pode ser tomada com gelo, para refrescar, ou usada em alguns pratos como tempero de molho.

Moqueca

A moqueca é um cozido de peixe com diferentes temperos. Esse tradicional prato da culinária brasileira tem variações dependendo da região. Basicamente, é feito em uma panela grande, de preferência de barro. Pode levar camarão, postas de peixe, tomate, cebola, pimenta, leite de coco, azeite de dendê, coentro e limão. Na receita capixaba, o dendê é substituído por azeite de oliva e urucum. Como acompanhamento, servem-se arroz branco, farinha, pirão, pimentas e azeite de pimentas.

Como servir: na própria panela de barro na qual foi feita ou em travessa funda. Os acompanhamentos devem vir em travessas separadas, que, no caso da panela de barro, podem ser minipanelas ou cumbucas do mesmo material. Fica bem charmoso!

Para comer: em prato raso ou fundo, lembrando que, se a escolha for pelo fundo, este deve vir acompanhado do raso. Apesar de a moqueca ser um cozido, come-se com garfo e faca, em razão da grande quantidade de alimentos em pedaços. Hoje pouca gente usa o talher de peixe, mas em um prato como esse seria não apenas correto como também mais confortável, para separar os pedaços de peixe e eventuais espinhas.

Casquinha de siri

De origem incerta, a casquinha de siri é um prato consumido em todas as regiões litorâneas. Como aperitivo, a sua popularidade é enorme na Bahia, por isso consideramos, como receita original, a que leva carne de siri, tomate, cebola, azeite de dendê e pimenta.

Mas é possível encontrar variações, principalmente sem azeite de dendê e/ou pouco apimentadas, pois esses são ingredientes mais característicos dos pratos baianos. No geral, trata-se de carne de siri desfiada e temperada de acordo com cada região. Apreciamos individualmente, como entrada, ou como petisco em maior quantidade.

Como servir: na própria casquinha, que é uma das apresentações mais charmosas. Mas pode ser servida como bolinho frito ou levada para gratinar em ramequins individuais. Também encontramos porcelanas em formato de casquinha ou conchas, que podem deixar a apresentação bem leve e colorida, para servir de forma individual. Caso seja frita em forma de bolinhos, é interessante servi-la em prato ou travessa decorada com limão em gomos largos, para que possa ser usado pelos comensais.

Para comer: o ideal é o garfo de entrada (o menor, usado para sobremesa), pois cabe melhor na casquinha ou nos pequenos ramequins. Independentemente de a carne estar em ramequins de porcelana ou na casquinha verdadeira, segura-se o recipiente com a mão, sem uso do guardanapo.

Cafofa

Muito saborosa e versátil, é uma farofa bastante popular no Ceará. Pode ser feita com tripa, torresmo ou carne-seca. Temperada com cebola, alho, colorau e sal, é apreciada como acompanhamento de diversos pratos.

Como servir: em travessa, acompanhando o prato principal.

Para comer: saboreia-se com garfo como quiser. Basta lembrar que é um acompanhamento.

Moqueca de peixe

Pela chef
Dani Façanha

1 cebola roxa
2 tomates maduros
pimenta-de-cheiro a gosto
azeite de dendê a gosto
2 xícaras (chá) de leite de coco
400 g de peixe (pescada amarela ou robalo)
sal a gosto
tempero verde a gosto

Rendimento: **de 3 a 4 porções**

Pique a cebola, o tomate e a pimenta. Refogue com o azeite de dendê e acrescente o leite de coco.

Bata esse caldo no liquidificador até formar um creme.

Coloque o creme na panela, acrescente o peixe e o cozinhe. Ajuste o sal e adicione o tempero verde.

Casquinha de siri

Pelo chef
Wanderson Medeiros

80 mL de azeite de oliva
20 g de alho picado
60 g de cebola picada
60 g de pimentão amarelo ou vermelho picado
60 g de tomate picado

600 g de carne de siri
30 g de molho de tomate
sal a gosto
10 g de coentro picado
1 limão-siciliano (suco e raspas da casca)
queijo parmesão ralado (opcional)

Rendimento: **4 porções**

Aqueça o azeite em fogo médio e acrescente o alho e a cebola, refogando sem deixar queimar o alho. Coloque os pimentões e os tomates picados e continue a refogar, ainda em fogo médio, até murcharem bem. Acrescente o siri e o molho de tomate, misture bem, acrescente o sal e um pouco do suco do limão. Adicione o coentro, tampe a panela e deixe cozinhar, mexendo de vez em quando. Desligue o fogo e acrescente as raspas do limão.

Para a montagem, coloque o siri em conchas ou em travessinhas pequenas.

Se preferir, cubra com o queijo parmesão ralado e leve ao forno para gratinar.

Dica

- Para uma casquinha de siri mais molhadinha, acrescente um pouco de leite de coco.

Galinha à cabidela

Prato muito apreciado na Paraíba e que, no Sudeste, é conhecido como galinha ou frango ao molho pardo. A receita, de origem portuguesa, foi trazida pelos colonizadores no século XVI. Trata-se da ave preparada com vinagre e temperada com tomate, alho, cebola, pimentão e coentro. Depois de pronta, acrescenta-se o sangue da galinha (ou do frango) previamente reservado que, com o vinagre, engrossa o caldo ao cozinhar, formando um molho espesso. A apresentação é como um ensopado, pois os pedaços do frango estão mergulhados no molho do cozimento. É apreciado com arroz.

Como servir: em uma travessa funda. O arroz deve vir bem mole, em uma travessa separada. Batatas cozidas também são uma boa pedida para acompanhar.

Para comer: apesar de ser um ensopado, serve-se em prato raso e come-se com garfo e faca. Os ossos do frango devem ser deixados no canto do prato.

Lambreta

Trata-se de um molusco de mangue, bem maior que o sururu, muito comum em Salvador. É menos encontrado em outros locais, como Ilhéus, pois é muito sensível e não aguenta o transporte. Compram-se as conchas fechadinhas (se abertas, estão estragadas), por um preço bastante acessível.

Podem ser preparadas na brasa, onde elas se abrem e cozinham no próprio líquido, preservando o sabor do mar (por causa da água salgada que armazenam).

O jeitinho baiano é aquele de que a gente gosta: fervida na panela com azeite, tomate, cebola, pimentão, cebolinha e coentro. Quando as conchas se abrem, é porque está pronta.

Como servir: na própria panela. Alguns restaurantes servem o caldo do cozimento como aperitivo. Em casa, se fizer isso usando pequenas xícaras de café ou caneuquinhas, será bastante apreciado. Vale dispor limão e pimenta para que o comensal sirva-se a gosto.

Para comer: usam-se uma cuia e a colher – além das mãos – para comer. Mas a operação de tirar o molusco é feita com a mão. Levamos o molusco à boca e o sugamos, pois ele já estará "descolado". O caldo é sorvido em pequenos goles direto da cuia. Mais uma vez, recomendo o uso de lavandas.

Lagosta

A lagosta vermelha é a espécie mais apreciada no Brasil e é no Nordeste que ela se destaca, apesar de atualmente ser fácil encontrá-la em restaurantes renomados de todo o país. O método mais comum de cozimento é a fervura, mas ela pode ser assada, grelhada, preparada no vapor, refogada, salteada. Alguns restaurantes a cultivam em aquário, e é possível escolher sua própria lagosta.

Como servir: geralmente, apresentada inteira em uma travessa decorada com salada de tomate em rodelas, coentro em ramos e limão. Porém, para facilitar, temos visto em muitos restaurantes especializados a técnica de retirar a carne da lagosta na cozinha e devolvê-la à casca, para que, à mesa, a tarefa fique mais simples.

Para comer: como prato principal. Já estarão na mesa os seguintes itens para facilitar: o rachador de garra de lagosta (tipo quebra-nozes), o garfo para lagosta (que tem um formato específico) e um pratinho para o descarte das cascas. Provavelmente haverá também uma lavanda ou lenço umedecido descartável para as mãos, já que é indispensável usá-los. É também aceitável usar o guardanapo no estilo "babador", uma vez que comer lagosta pode virar uma bagunça.

Em tempo...

A lagosta no Brasil é menor do que a europeia ou a norte-americana – estas são gigantes.

Lambreta

Pelo chef
Onildo Rocha

40 g de cebola em brunoise
600 g de lambreta
120 g de azeite de oliva extravirgem
40 g de tomate em cubinhos
40 g de vinho branco seco
200 g de nata
sal a gosto
10 g de coentro

Rendimento: **2 porções**

Refogue a cebola e a lambreta no azeite. Adicione o tomate, o vinho e a nata. Cozinhe até que as cascas se abram. Ajuste o sal e finalize com coentro. Sirva com torradas.

Lagosta ao mocororó

Pelo chef
Faustino Paiva

Para a lagosta
2 lagostas (aproximadamente 200 g)
1 pimentão verde
1 tomate
½ cebola
sal e pimenta-do-reino a gosto

Para o purê de abóbora
1 taiada (aproximadamente 300 g) de jerimum (abóbora) descascado, cozido e machucado (amassado)
1 colher (café) de manteiga
1 colher (sopa) de creme de leite
1 pitada de noz-moscada
sal e pimenta-do-reino a gosto

Para o molho de mocororó
½ caju fresco em cubos
½ tomate em cubos
½ pimentão (verde de preferência, mas pode ser outro) em cubos
1 colher (sopa) de margarina
1 dente de alho
½ cebola em cubos
1 colher (sopa) de coentro picado
1 colher (sopa) de cebolinha picada
1 copo de mocororó (destilado de caju)
1 xícara (chá) de leite de coco
sal e pimenta-do-reino a gosto

Rendimento: **1 porção**

Monte um brochete (espetinho) com a lagosta, intercalando com cubos de pimentão, tomate e cebola. Tempere com sal e pimenta a gosto e reserve. Grelhe levemente ao fogo, não mais que 3 minutos, para a lagosta não "emborrachar".

Para fazer o purê, apure o jerimum em fogo médio até ficar mole. Acrescente aos poucos a manteiga, o creme de leite, a pitada de noz-moscada e o sal e a pimenta a gosto. Cozinhe até obter uma consistência cremosa, porém firme, de purê.

Faça o molho de mocororó refogando o caju, o tomate e o pimentão com a margarina, o alho e a cebola. Vá acrescentando os temperos e, por último, o mocororó e o leite de coco. Ajuste o sal e a pimenta. Mexa, no fogo brando, até o molho ficar cremoso.

Dica

- Como opção de sobremesa, sirva creme de jaca com licor de menta. Faça o licor levando ao fogo hortelã fresca batida com mel de abelha e apurando até obter o ponto. Para o creme, bata a polpa da fruta, sem os caroços, com leite, até obter uma consistência cremosa.

Mingau caridade

Pirão levemente engrossado e servido com 2 ovos pochê, cozidos no próprio caldo. Reservam-se os ovos já cozidos, enquanto engrossamos ligeiramente o caldo com farinha. Quando no ponto, os ovos são devolvidos. Esse mingau é muito popular e geralmente ingerido de madrugada, após uma grande festa, ou no café da manhã pelas crianças em idade escolar, que o tomam em canecas.

Como servir: em prato fundo, e não em cumbucas.

Para comer: com colher. Quanto ao ovo, ele é macio e perfeitamente manejável com esse talher.

Outros mingaus

Em geral, eles são tomados na rua, principalmente em Salvador, logo de manhã, vendidos em carrinhos. Os mingaus vêm em baldes de alumínio muito brilhantes, areados impecavelmente e "vestidos" com uma saia imaculadamente branca. É uma linda visão de nosso Nordeste: nos pontos de ônibus, é comum haver os carrinhos de mingau, que é servido em copos de papelão. Enquanto esperamos a condução, podemos tomar ali mesmo ou já no ônibus – e, também, andando a pé.

De milho, de banana, de araruta – a maioria das receitas é originária da África e foi aperfeiçoada e adaptada ao clima de cada localidade. É um preparo que chamamos de "alimento da alma": pode ser ajustado à preferência de cada um, ao estado de espírito e a necessidades específicas.

Bolinho capitão

Trata-se de um bolinho de tutu de feijão modelado como um croquete e passado na farinha. É muito comum as mães darem para o lanche das crianças. Se topar com eles em algum lugar como aperitivo, experimente – e, se puder, acrescente azeite de pimentas. É servido em porções e come-se com a mão.

Malassada

Semelhante a uma panqueca que, em vez de levar farinha de trigo, é preparada com farinha de mandioca. De origem portuguesa, o prato, que era doce, no sertão tornou-se salgado. Apesar de ser comparada à panqueca, seu formato lembra o de uma omelete. Para a massa, além da farinha de mandioca, utilizam-se ovos e sal. O recheio é da escolha de quem prepara: carne moída, queijo, frango desfiado… Na Paraíba, come-se a versão doce, feita com farinha de milho e chamada de bolo de caco.

Como servir: em uma travessa decorada com salada de tomate e legumes crocantes, ou em pratos individuais.

Para comer: com garfo e faca, em prato raso.

Rapadura

É o doce feito a partir do caldo concentrado da cana-de-açúcar. O caldo é fervido, reduzido, batido e enformado. Depois de seco, torna-se sólido como um tijolo. Os europeus desenvolveram a receita, no século XVI, como solução para o transporte de açúcar. No Brasil, a técnica foi adotada nos primeiros engenhos de cana, especialmente em Pernambuco e na Bahia. Seu valor energético (é rica em potássio, ferro e cálcio) a tornou popular no Nordeste – tanto que é usada inclusive em merenda escolar. Hoje temos rapadura doce, rapadura mole, escura e clara, pura e misturada com frutas, entre outras variações. Nos pratos dos chefs, ela confere sabor e é usada não só em receitas doces mas também em molhos de pratos salgados.

Bolinho de feijão-verde

Pelo chef
Onildo Rocha

Para o bolinho
76 g de cebola brunoise
16 g de purê de alho
80 g de manteiga de garrafa
95 g de pimentão verde
45 g de pimenta-de-cheiro
200 g de feijão-verde branqueado
20 g de coentro
85 g de ovos inteiros
125 g de farinha de rosca
2 g de pimenta-do-reino
2 g de sal

Rendimento: **4 bolinhos**

Para o vinagrete de pimentão
180 g de pimentão vermelho
180 g de pimentão verde
180 g de pimentão amarelo
130 g de azeite de oliva
5 g de sal

Para o recheio de carne de sol na nata
200 g de carne de sol em cubos
80 g de cebola
azeite de oliva suficiente (para refogar)
100 g de nata

Para fazer o bolinho, refogue a cebola e o alho na manteiga de garrafa, adicione o pimentão e a pimenta-de-cheiro e acrescente o feijão-verde branqueado e o coentro. Triture a massa no processador, deixando-a granulosa. Adicione os ovos e a farinha de rosca e misture até incorporar todos os ingredientes. Acrescente a pimenta-do-reino e o sal.

Para o vinagrete, corte os pimentões em brunoise. Adicione azeite e sal e misture.

O recheio é feito refogando a carne de sol em cubos com a cebola em um pouco de azeite e, depois, processando a carne com a nata.

Cocada de forno com sorvete de rapadura

Pela chef
Van Régia

Para o sorvete
1 lata de leite condensado
3 medidas (do leite condensado) de leite comum
3 gemas
2 colheres (sopa) de amido de milho
5 colheres (sopa) de rapadura ralada
3 claras batidas em neve
3 colheres (sopa) de açúcar
1 lata de creme de leite com soro

Para a cocada
4 ovos
1.580 g de leite condensado
1 L de leite integral
1 L de creme culinário
1 kg de coco ralado
50 g de queijo parmesão ralado

Rendimento: **20 porções**

Para fazer o sorvete, leve ao fogo o leite condensado, o leite comum, as gemas, o amido de milho e a rapadura ralada, misturando até obter um creme. Deixe esfriar. Acrescente as claras batidas junto com o açúcar e o creme de leite. Coloque em um refratário e leve ao congelador por no mínimo 4 horas.

Para a cocada, bata os ovos com o leite condensado, o leite integral e o creme culinário. Misture o coco fresco ralado com o parmesão ralado. Junte o líquido ao coco misturado com queijo e mexa bem. Porcione em quengas (metades de coco sem a polpa) 240 g de cocada. Leve ao forno a 130 °C por 30 minutos.

Dica

- Sirva a cocada quente com o sorvete.

SUGESTÃO DA CHEF VAN RÉGIA

Entrada
   Caldinho de caranguejo

Prato principal
   Arroz de camarão

Sobremesa
   Cocada de forno com sorvete de rapadura (p. 84)

Região

Norte
Nordeste
Centro-Oeste
Sudeste
Sul

ARIANI MALOUF

FILHA DE BANQUETEIRA, FORMOU-SE NA LE CORDON BLEU. DE VOLTA AO BRASIL, ABRIU O MAHALO, EM CUIABÁ, ONDE VALORIZA OS SABORES DO MATO GROSSO. MAIS DO QUE UMA CHEF PREMIADA, ARIANI É INCANSÁVEL EM SUAS PESQUISAS, ASSIM COMO É ADMIRÁVEL SUA DEDICAÇÃO PARA ENSINAR NOVOS TALENTOS DA GASTRONOMIA.

 @ARIANIMALOUF

CAROL MANHOZO

A CHEF CUIABANA ESTAGIOU EM RESTAURANTES PREMIADOS E ATUALMENTE É REFERÊNCIA NO CENTRO-OESTE. CAROL MANHOZO SE INSPIRA NAS REFEIÇÕES FAMILIARES DE SUAS LEMBRANÇAS (É DESCENDENTE DE ITALIANOS E ESPANHÓIS), EM TÉCNICAS CONTEMPORÂNEAS E, CLARO, NOS PILARES DA COZINHA MATO-GROSSENSE.

 @CAROLMANHOZO

CAFÉ BRASILEIRO

Quando estudamos história na escola, há uma tendência a achar que o café esteve aqui desde sempre, que brotava por toda parte saltando do pé para os salões, vendido com facilidade, transformado em ouro e enriquecendo os fazendeiros.

Mas nunca foi assim – nem com essa facilidade. Apenas a partir do século XIX a bebida se tornou mais barata, mais popular e se integrou aos poucos ao dia a dia europeu. Aí, sim, houve um momento favorável para que seu consumo disparasse.

Pouca gente relaciona a Revolução Industrial como um fator determinante para a explosão do consumo de café, mas foi: com as fábricas se multiplicando e exércitos de trabalhadores dando duro em turnos longos e exaustivos, era fundamental que contassem com uma bebida que não apenas os esquentasse e estimulasse mas também que os mantivesse sóbrios.

O café prestava-se perfeitamente a isso, tornando-se aliás essencial para o funcionamento mais eficiente das indústrias.

No Brasil, estima-se por volta do século XVII o surgimento dos primeiros cafezais, na região amazônica. As primeiras mudas teriam sido trazidas da Guiana Francesa. Seu percurso começou no Pará e passou pelo Maranhão. No Ceará, em meados do século XVIII, havia plantações dignas de menção histórica. Naturalmente, o café chegou à Bahia e a outras localidades do país.

Mas o que era exportado ainda representava muito pouco: cerca de 1,5 tonelada por ano, o equivalente a 1,8% do total das exportações. Para efeito de comparação, o açúcar chegava a 18 mil toneladas anuais!

Em 1860, uma tragédia: muitos cafeicultores foram à falência em razão da praga da borboletinha (de nome científico *Elachista coffeela*). Some-se a isso a ascensão da produção e da exportação da borracha, e estava criada uma crise. E não só a borracha mas também a erva-mate acabaram suplantando o café em volume de exportação.

Finalmente, no início do século XIX, o café tornou-se mais barato e mais popular. Passou a ser exaltado por médicos e consumido por mais e mais pessoas como um tônico, mas igualmente bem-vindo em pausas sociais.

PORTO LONGE DO MAR

A localização perto de rios que possibilitavam o transporte tanto da riqueza mineral quanto de plantas raras, para exportação, contribuiu para o crescimento de cidades como Corumbá, Vila Boa e Meia Ponte, no que se tornou o maior entreposto comercial da província de Goiás. De lá, embarcavam para a Corte carregamentos de fumo, toucinho, cachaça e açúcar. Sem falar no algodão, no milho e nos rebanhos de gado para recria e engorda de São Paulo.

Em Vila Boa, vendiam-se tecidos, miudezas e mantimentos. Essas eram cidades bem abastecidas, onde também se encontravam artesãos extremamente talentosos, capazes de reproduzir o que quer que fosse – em mobiliário ou objetos de prataria – com qualidade e capricho. Assim, nas casas daquela região, entraram em cena papéis de parede e vidros bem trabalhados, emprestando um certo refinamento inexistente em outras regiões.

Em 1804, os negros livres já eram 28% do total de pretos – o dobro da população de brancos, que representavam 14% dos moradores da região da província de Goiás. Os mestiços eram maioria, inclusive exercendo funções tidas como nobres – por exemplo, militares e religiosas – e se tornando grandes proprietários de terras.

A cidade de Cuiabá hoje abriga restaurantes e chefs muito singulares, talentosos e, não raro, com formação invejável. O seu Mercado do Porto é mais do que um passeio obrigatório: é uma verdadeira aula viva de gastronomia!

Embora não esteja localizado no porto, é imenso, apesar da construção simples, que lembra um galpão. E surpreende, oferecendo o conforto mínimo a quem queira almoçar lá – o que, aliás, acaba acontecendo, tamanha a variedade de aromas para despertar o apetite...

Toda a região tem um mix de influências que resultam em uma cena gastronômica tão ousada quanto sofisticada. Para termos uma ideia, em Cuiabá, em um restaurante acessível e familiar, é possível encontrar pratos de sabor único, como o pirarucu no tucupi, o pintado com castanhas (ou com passas e mel), o majestoso pacu acompanhado de linguiça de jacaré (de sabor suave e inesquecível), além de bolinhos picantes de pintado como aperitivo. Acompanhamentos? Purê de batata com maçã-verde e farofa de coco ou de banana...

HISTÓRIAS DA GENTE BRASILEIRA, DE MARY DEL PRIORE

Tendências internacionais

Com o término da Guerra do Paraguai (1864-1870), os países vizinhos, como Argentina e o próprio Paraguai, começaram a comerciar entre si. Era comum encontrar, nas lojas da província de Mato Grosso, tecidos, móveis e brinquedos vindos de fora – com outro estilo e outra influência estética.

Convivência

Apesar do ouro, ricos e pobres dormiam em redes, pois, ao contrário da vizinha Goiás, a região de Mato Grosso carecia de artesãos e confortos mais elaborados.

Poaia, riqueza natural

A poaia, erva medicinal anti-inflamatória que crescia em profusão na região de Mato Grosso, chegou a ser o segundo maior produto de exportação, inclusive para a Europa, durante o Brasil Império. Crescendo à sombra de matas úmidas, acabou sendo extinta em decorrência da exploração desenfreada e do desmatamento da região.

REGIÃO CENTRO-OESTE

Ingredientes e receitas

Paçoca de carne

Paçoca é o nome que se dá às farofas no Centro-Oeste. Esse é um prato feito com farinha de mandioca fininha e carne-seca picada e socada no pilão até ficar desfiada e incorporada à farinha. Quando vendida na versão "para levar", vem em um potinho fechado e com uma banana para comer junto. Vem também com a colherzinha. É muito comum (além de prática) para quem precisa fazer uma refeição fora de casa.

Macarrão de comitiva

Como o nome diz, surgiu com as comitivas que tocavam bois e precisavam levar consigo algo fácil de preparar nos acampamentos. Trata-se de carne-seca fatiada em lâminas, misturada ao macarrão quebrado em duas ou três partes (para horror dos puristas, que não aceitam massa quebrada). Dessa forma, temos a combinação de proteína e carboidrato para fornecer energia, além da facilidade, já que o macarrão é mais rápido do que o arroz para cozinhar.

Como servir: em travessas fundas ou na própria panela. Se for uma panela bonitona, melhor ainda. Outra opção é um pirex refratário com tampa, para manter o macarrão aquecido.

Para comer: na moda tradicional das comitivas, em prato de ágata ou alumínio (pois esses materiais não se quebravam nas andanças) e com colher. Em casa, com garfo.

Bolo de arroz

Típico de Cuiabá, feito com farinha de arroz, é como um bolo de goma: a consistência é a de bolo de mandioca, gelatinoso por dentro. Servido e muitíssimo apreciado no café da manhã, pois seu sabor salgado desperta o paladar. Mas a versão doce é a mais consumida, por ter um sabor muito suave, que harmoniza com tudo. Caso esteja em um local que sirva essa receita, peça uma porção para levar: o bolo é delicioso, e você vai querer repetir!

Para comer: em pratinhos de sobremesa. Ele tem o formato de uma empadinha, embora, em casa, possa ser feito também em fôrmas de bolo maiores e fatiado como bolo.

Sopa paraguaia

Diz a lenda que, durante a Guerra do Paraguai, os soldados desse nosso país vizinho levavam uma sopa para se alimentarem. Em razão da dificuldade em transportar algo líquido, foram colocando mais milho, mais milho, fazendo surgir a sopa paraguaia. De sopa, esse prato típico do Paraguai e do Mato Grosso do Sul não tem nada: na verdade, é um bolo de milho salgado. Além do milho, a receita leva leite, óleo, muito queijo e cebola e é assada.

Como servir: como acompanhamento do pão ou como torta mesmo, em lanches da tarde.

Para comer: em prato de sobremesa (ou de bolo), com garfo. Caso seja servida como acompanhamento do pão (parece redundante, mas em algumas casas fazem isso), coloca-se uma fatia da sopa paraguaia sobre o pão, comendo com a mão.

Mojica de pintado

Símbolo da gastronomia mato-grossense, o pintado é um peixe que tem seu sabor realçado pelos demais ingredientes deste prato. Além do pescado, a receita leva mandioca e temperos como cebola, alho, tomate, cebolinha, coentro, pimenta-do-reino, pimenta-de-cheiro e sal. No preparo, é preciso cuidado para não desmanchar o peixe – o resultado é um ensopado. Para acompanhar, arroz, pirão e farofa de banana, além de verduras ou legumes cozidos.

Como servir: em sopeira ou uma tigela funda. Os acompanhamentos devem ser dispostos em travessas separadas.

Para comer: em prato raso, pois, embora seja um ensopado, é servido com o arroz. Usam-se garfo e faca.

Galinhada

É um prato típico de Goiás. A base é arroz e frango em pedaços cozidos com açafrão, que dá a cor amarelada ao prato. Além desses ingredientes, leva guariroba (um tipo de palmito popular na região) e pequi. É fácil encontrar versões desse prato em Santa Catarina e em Minas Gerais, mas sem o pequi e a guariroba. A galinha deve ser preparada preferencialmente em panela de barro e é acompanhada de salada e/ou legume cozido e pão.

Como servir: na própria panela – as de barro são tradicionais, mas nada impede que se usem outras hoje – ou em uma travessa funda. A salada deve ser apresentada em travessa separada, e os pães podem ficar dentro de um cestinho para que cada comensal se sirva à vontade.

Para comer: em prato raso e utilizando garfo e faca. Não se pega nenhum pedaço de frango com as mãos. Já o pão pode ser partido e comido com a mão, sem problemas.

Mojica de pintado

Pela chef
Ariani Malouf

100 g de cebola picada
5 dentes de alho picados
azeite de oliva a gosto (para refogar)
2 tomates maduros picados
500 g mandioca em cubos
1 L de fumet (caldo) de peixe ou água
700 g de pintado em cubos
sal a gosto
100 mL de suco de limão
coentro a gosto
3 pimentas-de-cheiro, sem sementes, picadas
cheiro-verde (coentro e cebolinha) a gosto

Rendimento: **5 porções**

Refogue a cebola e o alho, depois acrescente os tomates e continue a refogar por 5 minutos. Adicione a mandioca, misture e acrescente um bom fumet (caldo) de peixe ou água.

Tempere o pintado com sal, suco de limão, coentro e metade da pimenta-de-cheiro picadinha. Reserve.

Quando a mandioca estiver ficando no ponto, adicione os cubos de pintado à panela.

Ao desligar o fogo, coloque o cheiro-verde e o restante da pimenta-de-cheiro.

Pamonha

Existem a doce e a salgada. Quitute nacional, originalmente brasileiro, a pamonha é muito consumida no Centro-Oeste, especialmente no Estado de Goiás (embora também seja muito popular em estados do Sudeste, como São Paulo e Minas Gerais).

Na tradição goiana, ela é recheada com queijo e servida na palha do próprio milho. A receita é simples: além do milho e do queijo, apenas óleo. Outras versões salgadas goianas podem levar linguiça e cheiro-verde, frango e guariroba, carne-seca e pimenta-bode, carne moída...

Em tempo...

Não sirva pamonha sem pelo menos deixar a palha no prato (no qual ela estará disposta da forma que você preferir). A palha faz parte da "indumentária" da pamonha – despi-la dela é desrespeitar a identidade desse quitute. Gafe mesmo.

Pamonha à moda

Típica de Goiás, tem linguiça salgada e leva mais pimenta, além de queijo branco. É picante e muito nutritiva. Se perguntar, é provável que encontre também no Mato Grosso.

Pamonha doce

No Centro-Oeste e no Nordeste, é mais doce e leva leite de coco e especiarias, além do açúcar. Consumida como lanche e também no café da manhã.

Como servir: na maneira mais rústica, na própria palha de milho, que pode estar aberta ou fechada, dependendo da ocasião. Em restaurantes ou em casa, pode vir disposta em travessas (sempre dentro da palha do milho) em grande quantidade. É raro que seja servida como acompanhamento. Geralmente é prato principal ou o lanche mesmo. Ninguém ousa comer outra coisa quando tem uma saborosa pamonha diante de si!

Para comer: no prato, com garfo e faca. Mas a palha que envolve a pamonha é retirada com a mão. Recentemente, um hotel de Goiânia lançou uma maneira de desembrulhar a pamonha com o uso de garfo e faca, mas não é necessário. Este é um prato rústico, em que isso não cabe. Na rua, come-se com as mãos, direto da palha.

Sobá

É um prato trazido pelos imigrantes que vieram de Okinawa, no Japão, para o Mato Grosso do Sul. Agradou tanto aos habitantes locais que foi incorporada aos cardápios, com algumas adaptações. A prova de quanto foi apreciado (e que merece destaque) é o fato de, sendo originalmente japonês, ter sido adotado como culinária representativa de uma cidade brasileira a ponto de ser indicada como Patrimônio Cultural Imaterial!

No Brasil, a receita leva porco, ovos, cebolinha picada, macarrão para sobá, caldo de carne, condimentos à base de peixe (tempero hondashi) e gengibre.

Como servir: em cuias (chawan) e com hashi (os "pauzinhos" japoneses), além de colher de sopa.

Para comer: pegam-se o macarrão, os legumes e a carne com hashi. Depois, toma-se o caldo diretamente do chawan ou com a colher.

Pucherada

Trata-se de um cozido de legumes e carne. De origem espanhola, chamado *olla podrida*, o prato também é muito apreciado na Argentina, onde leva o mesmo nome do Brasil. No Mato Grosso do Sul, é feito com carnes (pescoço e músculo da canela do boi) e hortaliças e legumes variados (couve, aipo cenoura, vagem, cebola e batata, entre outros). A autêntica *olla* leva também chouriço e grão-de-bico. Em geral, é servida com arroz acompanhando.

Como servir: alguns lugares servem verduras e carnes separadas do caldo, em travessas separadas. Se acompanhada por arroz, este deve ser servido também em recipiente à parte.

Para comer: em prato fundo, com garfo e faca.

Piraputanga

É o nome de um peixe de tamanho médio, muito fácil de encontrar e acessível. Pode ser comprado fresco ou salgado (lembra o sabor do haddock), e sua carne faz parte de várias receitas do cardápio do Centro-Oeste.

Preparado frito ou cozido, é frequente saboreá-lo com o acompanhamento de arroz e banana – fruta muito usada como contraponto ao sabor dos pratos salgados na região.

Como servir: em travessas e pratos rasos, com os acompanhamentos em recipientes separados.

Arroz de pequi

Pequi (chamada de piqui na região) é a fruta símbolo da cultura culinária de Goiás. Pequenina, doce e ácida, é ao mesmo tempo muito perfumada. Porém atenção: ela tem microespinhos, difíceis de ver a olho nu, e muita gente a coloca na boca sem tirar a casca. Recomenda-se aos anfitriões e chefs, quando usá-la, tomar um cuidado especial para não servir inteira, pois muita gente ignora a existência desses espinhos e acaba se machucando.

O arroz é cozido, temperado com alho, cebola e sal e acrescido de pequi. Pode ser servido como prato único acompanhado de salada ou apresentado como acompanhamento de carne assada. Também pode ser encontrado no norte mineiro e no sertão da Bahia.

Como servir: na panela de barro ou em travessa, decorada com salsinha e cebolinha, fica um charme. A salada e a carne assada devem vir em travessas separadas.

Para comer: em prato raso, com garfo e faca, prestando atenção ao fruto – que deve estar descascado.

Em tempo...

Há quem prefira colocar o pequi com casca para cozinhar e descascar antes de servir o prato. É uma alternativa, mas, para servir, descasque sempre – e poupe o comensal do vagaroso processo de fazê-lo à mesa.

Pichê (ou paçoca doce)

Essa é uma iguaria muito subvalorizada, pois constitui uma das joias da nossa gastronomia à base de farinha de milho – que aqui vem pilada com canela e açúcar. Sua textura é seca e bem fina, e o sabor doce equilibrado faz dela um grande curinga em sobremesas e lanches. É bastante apreciada em Cuiabá e vendida em embalagens de papel de mercearia, em formato de cone, muitas vezes artesanal.

Como servir: pode ser consumida com sorvete e frutas ou até para dar mais sabor a gelatinas. Apresentada em cumbucas com uma colher ou concha pequena, cada um se serve da quantidade desejada. Não tem nada a ver com o produto industrializado de mesmo nome. É um complemento requintado e versátil. Vale a pena experimentar e aprender a fazer e servir!

Maria Isabel

É a versão mato-grossense do arroz carreteiro, também muito popular entre maranhenses e piauienses. Nunca consegui descobrir a origem do nome desse prato feito com com charque desfiado e acompanhado, em geral, de farofa. Fácil de fazer, servir e comer, é muito saboroso e nutritivo!

Maria Isabel com farofa de banana-da-terra

Pela chef
Ariani Malouf

Para o arroz
500 g de carne-seca em cubos
500 g de coxão mole em cubos
azeite ou óleo vegetal
da sua preferência
200 g de cebola picada
4 dentes de alho picados
2 tomates maduros em cubos
2 copos de arroz
2 pimentas-de-cheiro,
sem sementes, picadas

1 pimenta dedo-de-moça,
sem sementes, picada
salsinha a gosto
cebolinha a gosto

Para a farofa
300 g de farinha de mandioca
de boa procedência
80 g de manteiga
3 dedos de banana-da-terra madura,
em cubos
óleo vegetal (para fritar)
sal

Rendimento: **5 porções**

Para preparar o arroz, deixe a carne-seca de molho, trocando a água de tempos em tempos, para agilizar o processo.

Aqueça uma chaleira com água. Em uma panela, coloque um fio de azeite e acrescente as carnes, deixe dourar bem e comece a pingar água quente e fritar, repetindo esse processo até que as carnes estejam macias.

Acrescente a cebola e o alho, misture bem e deixe dourar. Em seguida, coloque o tomate. Logo depois, adicione o arroz já lavado e cozinhe normalmente.

Nos minutos finais coloque as pimentas picadas, a salsinha e a cebolinha.

Para preparar a farofa, torre a farinha de mandioca em fogo baixo, mexendo o tempo todo. Quando estiver torradinha, acrescente a manteiga e continue mexendo.

Frite as bananas em óleo quente, até que fiquem bem douradas.

Misture a banana à farofa, tempere com sal e sirva em seguida.

Piché (ou pixé)

Pela chef
Carol Manhozo

1 kg de milho de pipoca
200 g de açúcar cristal
canela a gosto
1 pitada de sal
100 g de amendoim

Rendimento: **dezenas de cones (para conservar, armazene em pote de vidro bem fechado. O piché se mantém delicioso por meses).**

Cozinhe o milho até o ponto antes de ele estourar. Depois, torre no forno. Soque o milho de pipoca torrado em um pilão e passe por uma peneira três vezes, até que esteja só a parte mais fininha peneirada.

Coloque o recheio: o açúcar, a canela, o sal e o amendoim (também torrado e socado).

Depois de todos os ingredientes estarem misturados, passe-os mais uma vez na peneira.

SUGESTÃO DA CHEF ARIANI MALOUF

Entrada
Caldinho de piranha

Cigarrete de pintado com aioli de coentro

Prato principal
Maria Isabel com farofa de de banana-da-terra (p. 105)

Revirado

Feijão empamonado

Mojica de pintado (p. 100)

Piraputanga recheada com cebola na manteiga

Ventrecha de pacu

Farofa de couve

Sobremesa
Doce de limão recheado com cocada caseira

Taça de furrundu ao creme de baunilha do cerrado

Região

Norte
Nordeste
Centro-Oeste
Sudeste
Sul

CARLOS MANOEL ALMEIDA RIBEIRO

NASCIDO EM JOÃO PESSOA, É PROFESSOR E PESQUISADOR PELA UNIVERSIDADE DE SÃO PAULO E PELA UNIVERSIDADE FEDERAL DA PARAÍBA/GECIMP EM GASTRONOMIA BRASILEIRA E MEMÓRIA. TEM LIVROS PUBLICADOS, ENTRE ELES *CULINÁRIA JAPONESA PARA BRASILEIROS* E *COMIDA DE SANTO QUE SE COME*.

 @CHEFCARLOSRIBEIRONACOZINHA

PAULO SHIBATA

COMO ELE MESMO CONTA, "TENTEI SER MÉDICO, VIREI COZINHEIRO". SHIBATA GANHOU NOTORIEDADE COMO UM DOS VENCEDORES DO PROGRAMA MAS*TERCHEF* E HOJE ATUA COMO PRODUTOR DE CONTEÚDO DIGITAL E CHEF. VALORIZA INGREDIENTES BRASILEIROS, EMPREGANDO TÉCNICAS FRANCESAS, E DEFINE A COZINHA COMO "A MAIS EFÊMERA DAS ARTES, AO ENTREGAR POESIA EM FORMA DE COMIDA".

@PHSHIBATA

MUITO TRABALHO, ATIVIDADE INCESSANTE E COMIDA COM "SUSTANÇA"

À exceção de Minas Gerais, os estados que compõem o Sudeste não estão entre os maiores do Brasil em extensão territorial, mas, desde sempre, foram efervescentes tanto em trabalho quanto em atividade política.

O Rio de Janeiro abrigou a Corte no período colonial e no Império. Também no Rio funcionou a capital do país por dois séculos. Somando-se a isso a intensa atividade de mineração e pecuária em Minas, bem como o plantio e o comércio do café em São Paulo, torna-se mais fácil entender o frenesi perene nessa região.

Mesmo com toda essa atividade e o crescimento econômico, até o século XVIII as famílias não tinham o hábito de se reunir à mesa – e isso não apenas no Sudeste como também em todo o país. Apenas no início do século XIX começaram as referências à "mesa", no caso improvisada com duas mesinhas "emendadas" e tamboretes toscos colocados à volta atuando como assentos.

A TRADIÇÃO MINEIRA

O estado do Sudeste mais tradicional na gastronomia é Minas Gerais, onde a comida foi também marcada pelos bandeirantes de São Paulo que para lá viajavam em busca de riquezas. No período do ciclo do ouro, surgiu o tropeirismo, atividade que trouxe o crescimento dos vilarejos. Surgiram alguns pratos, hoje tidos como típicos, os quais misturavam influências que, somadas às receitas indígenas, completaram o mix que constitui a nossa culinária brasileira. Um exemplo é o feijão-tropeiro, o qual possui variações dependendo da região do país.

Os colonos trabalhavam em suas roças e cultivavam hortas com algumas árvores frutíferas. Nos fundos dos quintais, criavam alguns animais e plantavam. Assim surgiram o tutu de feijão, a galinha ao molho pardo (galinha à cabidela no Nordeste) e o leitão à pururuca, entre outros pratos.

Com a queda da mineração, houve mais espaço para a criação do gado, fato que contribuiu para a produção de leite e queijo em Minas Gerais. O queijo mineiro e o doce de leite são muitíssimo apreciados – até reverenciados. O pão de queijo originário de Minas tornou-se popular em todo o país. E os estrangeiros, quando o provam, pedem a receita insistentemente!

HERANÇA INDÍGENA NO ESPÍRITO SANTO

A culinária capixaba é fortemente influenciada por hábitos dos nativos, tanto nas receitas como em utensílios de cozinha. Um exemplo é a panela de barro, usada em um dos principais pratos do Espírito Santo: a moqueca (p. 126).

RIVALIDADE RIO × SÃO PAULO? NÃO NAS PANELAS

Enorme é o debate ao falar sobre o surgimento da feijoada, prato imediatamente identificado com o Rio de Janeiro. O que não se pode negar é que a feijoada é, sem sombra de dúvidas, um dos símbolos da culinária brasileira – talvez o maior deles em fama internacional. No Rio e em São Paulo, as carnes são servidas separadamente. No Nordeste, as carnes são apresentadas junto do feijão.

Como detalhe curioso, impossível não lembrar que o feijão-preto é também o prato do dia a dia no Rio de Janeiro, porém sem a diversidade das carnes salgadas das feijoadas. E o feijão diário em São Paulo (e também o mais consumido no Brasil) é, curiosamente, o do tipo carioquinha, que produz caldo marrom. (Ele recebeu esse nome por ter, quando cru, cor parecida com a de uma raça de porco chamada "carioca".)

Nessas conexões entre Rio de Janeiro e São Paulo, vale também citar o picadinho. Originário do Rio, caiu no gosto dos paulistas e acabou incorporado ao seu cardápio. Mas foi mesmo na então capital do país que ganhou a versão que fez história, nos Anos Dourados.

PICADINHO MEIA-NOITE

Na década de 1950, o picadinho migrou das mesas mais modestas para os grandes salões. Picadinho Meia-Noite era nome que fazia referência à elegante boate de mesmo nome que funcionava no sofisticado Copacabana Palace.

Quem "enobreceu" a receita foi Paul Ruffin, chef executivo do Copa, que ditava a moda culinária na cidade. Por sua inspiração e do barão Max Stuckart – o exigente gerente do Copa –, a boate Meia-Noite foi o berço desse prato que acabou por sacudir a cozinha nacional.

Segundo o escritor Ruy Castro, em seu livro *A noite do meu bem*, da maneira como Stuckart o concebeu, a carne tinha que ser sempre de primeira: pontas de filé-mignon picadas, marinadas na cachaça, temperadas com cebolinha, louro, sálvia, segurelha, alecrim e manjericão, além dos convencionais sal, pimenta, tomates machucados e manteiga. Como acompanhamento, arroz, feijão, ovo poché, banana à milanesa (douradinha e crocante por fora), couve refogada em tiras fininhas e ervilhas puxadas na manteiga, tudo bem distribuído com o ovo pochê sobre todos os ingredientes, enfeitando o prato.

A exemplo da sopa de cebola em Paris, o picadinho revelou-se ideal para salvar vidas em horas mortas e recuperar disposições abaladas por uísques além da conta – e mais ainda depois, quando foi adotado até mesmo por abstêmios e pelos que dormiam cedo! Generalizou-se pela noite do Rio e, em seguida, pelo dia, nos almoços executivos.

Foi o primeiro prato assumidamente brasileiro a dividir os cardápios finos cariocas com receitas de nomes pernósticos como *Jambon d'York Braisé au Madère* e *Délices de Robalo à la Bonne Femme*.

Em pouco tempo, tornou-se o prato preferido de políticos, empresários, diplomatas, artistas e intelectuais nacionais, bem como de estrelas de Hollywood em visita ao Rio. Seus adeptos mais fiéis foram os *playboys* – a começar por Jorginho Guinle, sobrinho de Octávio Guinle, fundador do Copa em 1923. Além dele, seus inseparáveis amigos Baby Pignatari, Carlos Niemeyer, Ibrahim Sued, Mariozinho de Oliveira e Sérgio Peterzone não encerravam a noite sem degustar um bom prato do Meia-Noite. Entre seus fãs, estava também o presidente Getúlio Vargas, que chegava a sair do Palácio do Catete (a sede do governo federal) para saborear o picadinho.

HISTÓRIAS DA GENTE BRASILEIRA, DE MARY DEL PRIORE

O pobre João

Esse era o apelido do bacalhau seco vindo do hemisfério Norte. Poor John, como era conhecido, tinha grande popularidade e chegava trazido pelos navios ingleses. O produto durava muitos meses e era vendido a bom preço. Em uma terra com escassez de carne e de recursos, não estranha que os senhores de engenho chegassem a pedir ao bispo que aumentasse o número de feriados religiosos, pois estes obrigavam aos fiés à abstinência, de modo que se podia alimentar toda a fazenda com produtos acessíveis como o bacalhau seco – cujo acompanhamento se alternava entre farinha e pirão.

Café

Embora tenha se tornado nossa bebida símbolo e o esteio de nossa economia por um bom tempo, foi apenas no século XVII que começaram a ser realmente usados e difundidos os bules e moedores de café nas casas brasileiras.

Diferenças

Desde sempre um país de contrastes, no Brasil era possível encontrar objetos muito rústicos convivendo com outros bem sofisticados, vindos da Europa ou da Índia. Há notícias de inventários com garfos e colheres de latão e faqueiro de prata com 12 garfos e 12 facas, um galheteiro e bandejas diversas, jogos de xícaras com pires, garrafas de vinho branco e vinho tinto.

REGIÃO SUDESTE

Ingredientes e receitas

Feijoada

Esse prato típico do Sudeste e que virou identidade do Brasil é preparado com feijão-preto e partes do porco – pé, orelha, rabo, bacon, lombo e costela –, paio e linguiça calabresa, salgados e defumados, e temperado com cebola, alho e sal.

O ideal é deixar o feijão de molho de um dia para o outro, assim como as carnes, para tirar o excesso de sal. Pode ser feita em panela de barro, de ferro ou na de pressão (em que o tempo de cozimento é bem menor).

Para acompanhar servem-se arroz branco, couve fatiada e refogada, farofa, fatias de laranja e vinagrete (por vezes, misturado com caldo do feijão). É essencial que se sirva também com salada de folhas crocantes e vinagrete para temperá-la, o que dá leveza à refeição.

Como servir: em panela de barro ou travessa funda. No Rio de Janeiro e em São Paulo, as carnes são servidas separadamente, o que facilita ao comensal escolher as que lhe agradam. Já na feijoada baiana as carnes ficam todas misturadas ao feijão. Antes de nos sentarmos à mesa, é comum iniciar a refeição com rodadas de caldinho de feijão. O caldinho pode ser "batizado" com cachaça ou molho de pimenta – fica uma delícia!

Para comer: em prato raso (mesmo que a receita tenha caldo), pois ali é possível colocar os acompanhamentos de forma mais organizada e o feijão sobre o arroz, para que o caldo seja absorvido. Importante: convém não encher demais o prato, pois são vários ingredientes. Usamos garfo e faca, e tanto a laranja quanto as carnes são cortadas conforme as comemos.

Picadinho

Mais uma receita, além da feijoada, que São Paulo pode agradecer ao Rio de Janeiro, pois incorporou totalmente esse prato popular oriundo do estado vizinho.

Basicamente, consiste em cubos de carne preparados com toucinho, tomate, extrato de tomate, cebola, louro e alho. Mas a versão do Rio é mais incrementada: a carne deve ser "na ponta da faca" (ou seja, sem qualquer outro utensílio, para preservar sua textura), dourada em óleo e temperada a gosto. Serve-se com arroz, às vezes caldo de feijão, ovo poché, batata noisette (redondinha e dourada na manteiga), couve refogada, ervilha, farofa e banana frita ou à milanesa.

Como servir: já empratado com todos os ingredientes organizados e com o ovo por cima. Guarneça em volta com as ervilhas e, de fora para o centro, com a banana, a farofa, a batata, o arroz, o caldo de feijão e a couve.

Para comer: com garfo e faca, sem pressa, alternando os sabores. Coma sem culpa!

Em tempo...

A flor da ora-pro-nóbis é linda e muitíssimo delicada. Quem cultiva a hortaliça em hortas caseiras não deve desprezá-la, pois o arranjo floral empresta um outro patamar de requinte à refeição!

Ora-pro-nóbis

Hortaliça que que cresce em abundância em Minas Gerais. É preciso cuidado ao colher, pois seu caule tem espinhos. Na culinária, usam-se as folhas para incrementar receitas típicas, como a galinha com ora-pro-nóbis.

Nesse preparo, a ave é temperada com alho, cebola, pimenta-do-reino e colorau e bem refogada na panela. A ora-pro-nóbis é acrescentada na finalização, rasgando-se as folhas em boa quantidade sobre o prato pronto. Serve-se com angu e arroz.

Angu

É uma massa (mais para líquida) feita de fubá, água e sal. Muito popular nos estados do Sudeste, a receita espalhou-se por todo o Brasil, pela praticidade e por funcionar como um acompanhamento versátil e que confere "sustança" às refeições.

Picadinho

Pelo professor e pesquisador

A receita foi diversas vezes eleita
o melhor picadinho da cidade de São Paulo

Carlos Manoel Almeida Ribeiro

6 colheres (sopa) de azeite de oliva extravirgem
1 colher (sopa) de manteiga
300 g de coxão mole na ponta da faca
6 colheres (sopa) de cebola picada
2 dentes de alho picados
1 colher (sopa) de colorau
salsinha picada a gosto
2 tomates picados
8 a 10 colheres (sopa) de caldo de legumes ou água
sal e pimenta-do-reino moída na hora

Rendimento: **2 porções**

Em uma frigideira, coloque o azeite e a manteiga e, em seguida, junte a carne.

Frite por aproximadamente 5 minutos, mexendo devagar. Coloque a cebola e o alho e refogue por alguns minutos.

Adicione o colorau, a salsinha e o tomate e acrescente aproximadamente 8 colheres de sopa de caldo de legumes ou água, para ficar molhadinho.

Deixe reduzir por uns 4 minutos em fogo baixo. Desligue e sirva.

Dica

- O acompanhamento pode ser composto por arroz, salada, farofa, pastéis, ovo frito e banana frita.

Tutu de feijão

O tutu, típico de Minas Gerais, é uma espécie de purê feito de feijão cozido batido no liquidificador e refogado com pedaços de bacon frito, cebola e alho. Ao final, é engrossado com farinha de mandioca ou de milho.

Como servir: acompanhado ou não de arroz. Pode ser servido como prato único. Em ambos os casos, apresentamos em travessas. Quando é prato único, existe a opção de servi-lo diretamente em cumbucas, em porções individuais.

Para comer: tradicionalmente, em prato raso, com arroz se preferir. O arroz e o tutu não devem ser misturados nem colocados um sobre o outro.

Moqueca capixaba

É apontada como o prato símbolo da cozinha do Espírito Santo. Pode ser feita com siri, peixes, camarão e outros frutos do mar. Com muito tomate e coentro, difere da moqueca baiana por levar urucum e não conter leite de coco nem azeite de dendê. Também não se acrescenta água – apenas a que se solta do tomate e das demais hortaliças forma seu caldo.

O prato é herança da culinária indígena e faz muito sucesso entre os habitantes do estado. Aliás, os capixabas consideram apenas a deles a "verdadeira moqueca". Preferências à parte, ambas – a baiana e a capixaba – são deliciosas!

Filé à Osvaldo Aranha

Sua origem vem da época em que o Rio de Janeiro era capital do país. Osvaldo Aranha, ministro da Fazenda de Getúlio Vargas, sempre pedia que o seu filé, alto, viesse malpassado, com pedaços de alho frito, e servido com arroz e batatas. O prato se popularizou e ganhou o nome com o qual é conhecido até hoje.

Vaca atolada

Identificado com a culinária mineira, esse prato consiste basicamente em costela bovina (com sal, pimenta-do-reino, cebola, alho, azeite e tomate) cozida com mandioca. A carne, mergulhada na mandioca, acaba ficando "atolada". Há quem acrescente farinha de mandioca para deixá-la ainda mais grossa, e alguns gostam de comer com pão acompanhando. No Piauí, esse prato é chamado de cozidão (lá, vaca atolada se refere a um escondidinho de carne de sol).

Como servir: servida em sopeira ou em travessas fundas, pois se assemelha a uma sopa bem encorpada. Se optar por servir pão como acompanhamento, vale dispor de cestinhos para que o comensal possa se servir à vontade.

Para comer: em prato fundo ou em cumbuca, com colher. No caso de ser servida com pão, vamos cortando pedaços dele com a mão e mergulhando-os na vaca atolada, para apreciar o prato.

Virado à paulista

Essa receita típica está ligada à história do Estado de São Paulo. Os bandeirantes carregavam farnéis repletos de feijão cozido, farinha de milho (a de mandioca só começou a ser produzida em escala apreciável no século XVIII em terras paulistas), carne-seca e toucinho. Com o chacoalhar da andança, os ingredientes ficavam virados ou revirados – e daí vem o nome.

Apesar de o tutu de feijão ser um clássico mineiro, virou um *must* das segundas-feiras em São Paulo, servido com ovo, banana frita, couve e bisteca ou lombo suíno.

Atualmente, o virado à paulista consiste em feijão cozido misturado à farinha de mandioca (com grãos inteiros) e vem acompanhado de bisteca suína e/ou linguiça frita, banana empanada e frita, ovo frito (de preferência, com a gema mole), couve cortada em tiras e refogada, torresmo e arroz. Na prática, o virado é um PF – e é uma refeição completa!

Como servir: já empratado e com os alimentos separados e bem organizados. O detalhe é o feijão, que já vai ao prato misturado à farinha – e devemos atentar para equilibrar a mistura, a fim de que a consistência seja mais firme, mas sem se tornar uma maçaroca dura...

Para comer: com garfo e faca, tentando não misturar muito os alimentos no prato.

Virado à paulista

Pelo chef
Paulo Shibata

Para o feijão
200 g de bacon picado
1 linguiça calabresa picada
3 dentes de alho picados
1 cebola grande picada
4 xícaras (chá) de feijão cozido e com caldo
sal e pimenta-do-reino a gosto
½ xícara (chá) de farinha de mandioca
salsinha a gosto

Rendimento: **4 porções**

Para os acompanhamentos
4 lombos suínos temperados a gosto
óleo vegetal a gosto (para fritar o lombo e a banana)
torresmo a gosto
4 bananas cortadas ao meio, empanadas
alho e cebola a gosto (para refogar a couve)
500 g de couve picada finamente
4 ovos

Em uma panela, coloque o bacon e a calabresa picados e frite até dourar. Retire o excesso de gordura e refogue o alho e a cebola. Em seguida, coloque o feijão já cozido, tempere com sal e pimenta-do-reino e deixe engrossar. Adicione a farinha de mandioca e cozinhe por mais 3 minutos. Finalize com a salsinha e reserve.

Frite os lombos em frigideira quente, dos dois lados, tomando cuidado para não passar do ponto e ressecar.

Frite o torresmo e, em seguida, a banana.

Refogue a couve com alho e cebola e reserve.

Frite os ovos ao ponto de preferência.

Sirva com arroz branco e um pouco de cada acompanhamento.

Cuscuz à paulista

Prato feito de farinha de milho, molho de tomate, pedaços de tomate, pedaços de ovo cozido, ervilha, milho verde, azeitona, sardinha, azeite de oliva, sal e temperos. Os ingredientes são cozidos em uma panela até atingir o ponto e, depois, colocados em uma fôrma com furo no meio.

Antes de essa massa ser passada para a fôrma, são distribuídas em seu fundo algumas sardinhas e rodelas de ovo cozido e de tomate, para o cuscuz ficar decorado ao ser desenformado.

Como servir: em formato do bolo, tal qual foi desenformado. Corta-se em fatias para servir. Embora não seja muito usual, pode ser servido também como um lanche reforçado à tarde ou mesmo em refeições no formato brunch, substituindo uma torta ou uma quiche.

Para comer: pode ser apreciado sozinho, por ser bastante consistente. Nesse caso, são apresentados pratos de sobremesa. Quando servido com acompanhamentos leves como salada, é saboreado no prato raso. Usam-se garfo e faca nos dois casos.

Dica

Benê Ricardo – uma das mais competentes e tradicionais chefs brasileiras – recomendava misturar um pouco de farinha de mandioca à de milho, para o cuscuz adquirir uma consistência mais cremosa.

Bambá de couve

É um "primo" do tradicional caldo verde português, com a diferença principal do fubá no lugar das batatas amassadas. A receita, que teve origem na cidade de Ouro Preto, está entre os pratos típicos de Minas Gerais. Os ingredientes são caldo de legumes, couve rasgada – não pode ser cortada –, carne suína, linguiça, tomate e o fubá, temperados com alho, cebola, pimentas-malaguetas e do reino e cheiro-verde.

Como servir: em uma sopeira ou em travessa funda.

Para comer: recomenda-se o prato fundo tradicional, pois acomoda melhor as folhas rasgadas, facilitando a degustação. Saboreia-se com colher.

Muma de siri

De origem indígena, a muma é um prato que se assemelha a um pirão de siri, crustáceo que é dos ingredientes típicos do Espírito Santo. Além do siri, a muma leva tomate, cebola e urucum. Usa-se limão em algumas receitas. Para acompanhar, arroz branco e pimenta a gosto do comensal.

Como servir: na própria panela de barro ou em travessa funda.

Para comer: em prato raso, com garfo e faca. Destaque para a carne do siri que, desfiada com o caldo da muma, agrega ainda mais sabor ao prato.

Galinha caipira

Há quem goste de sua carne mais rija, pelo fato de ser criada solta. A carne da galinha caipira, mais escura, é preparada em panela de ferro ou de barro. O sabor é muito especial – só provando para saber. Geralmente cozida, assada ou ensopada, é servida com arroz, farofa (ou farofa de cuscuz) e pirão com o seu caldo.

Bolovo

Comida de boteco das mais apreciadas em São Paulo, o bolovo é um clássico. Consiste em um bolinho de carne que envolve um ovo já cozido. Depois, é empanado na farinha de rosca e frito em gordura bem quente. Crocante e supersaboroso.

Bolovo

Pelo professor e pesquisador

Carlos Manoel Almeida Ribeiro

4 ovos pequenos
800 g de acém moído 2 vezes
sal e pimenta-do-reino a gosto
noz-moscada a gosto
1 cebola grande ralada
4 dentes de alho médios picados
1 colher (sopa rasa) de pimenta-de-cheiro, sem sementes, picada
cebolinha a gosto cortada finamente

1 gema de ovo
1 colher (chá) de manteiga em temperatura ambiente
1 ovo inteiro (para empanar)
farinha de trigo a gosto (para empanar)
farinha de rosca ou panko a gosto (para empanar)
óleo vegetal a gosto (para fritar)

Rendimento: **4 unidades**

Cozinhe os ovos, descasque e reserve.

Tempere a carne moída com o sal, a pimenta-do-reino e a noz-moscada. Adicione a cebola, o alho, a pimenta-de-cheiro e a cebolinha. Adicione a gema de ovo e a manteiga e misture bem. A massa resultante deve apresentar textura homogênea, para o bolovo ficar bem compacto e não se abrir durante a fritura.

Faça uma bola com a massa de carne, abra na palma da mão e coloque o ovo. Envolva o ovo com massa, um de cada vez, fechando bem toda a superfície.

Passe rapidamente na farinha de trigo; em seguida, no ovo batido com o garfo. Por fim, empane em farinha de rosca ou panko.

Frite por imersão em óleo a 160 °C por 4 minutos. Escorra no papel-toalha, e está pronto para servir.

Dica

- Quando misturar a carne e os ingredientes, coloque ½ meio copo de cachaça. Dá um toque especial ao sabor. Bom apetite!

Torta capixaba

Torta recheada de frutos do mar, badejo, azeitona e ovos. O peixe e os frutos do mar são refogados separadamente antes. Depois, na panela, acrescentam-se temperos como coentro e urucum. Não leva farinha e é cozida na panela de barro com claras em neve. Ao final, colocam-se rodelas de cebola finas e azeitonas sobre a mistura. Embora seja um prato obrigatório na Semana Santa, indico pedir em qualquer época do ano e saboreá-lo feliz!

Como servir: diretamente da própria panela. Retiram-se as porções com colher. A torta acompanha arroz branco e salada.

Cachorro-quente com purê

Esse os paulistanos amam! Não apenas leva salsicha, vinagrete e mostarda como acrescentaram purê de batata! Há variações como colocar duas salsichas ou mesmo prensar o sanduíche.

Bauru

Originário de Bauru, cidade do interior de São Paulo, surgiu como lanche de universitários e "pegou' na capital paulista. O sanduíche leva rosbife, rodelas de tomate e queijo. Tudo no pão francês quentinho na chapa.

Garoupa salgada com banana-da-terra

Prato que preserva a cultura do Espírito Santo. É preparado com peixes do norte do estado, com banana-da-terra e outros temperos. São fritas, embora possam ser também grelhadas.

Como servir: em travessa com acompanhamento de arroz, salada ou legumes.

Pastel de feira

Fazer feira de manhã e finalizar com um pastel é rotina do paulistano. E as feiras da capital paulista têm pastel para todos os gostos: além dos tradicionais carne e queijo, há opções como palmito, camarão, bauru, pizza, escarola, calabresa e até salsicha com batata palha. São gigantes, fritos na hora e equivalem a uma refeição, acompanhados de um suco de frutas ou de garapa (caldo de cana). E essa refeição tem até sobremesa: pastéis doces, como o de banana com canela e o campeão Romeu e Julieta (goiabada com queijo).

Em tempo...

Pastel na feira tem que ser comido com a mão. Em casa, depende: se estiver sendo servido como acompanhamento de um bom picadinho, não é o caso. Ainda assim, em casa são menores, por uma questão de estética e praticidade.

Bacalhau à Gomes de Sá

Prato de origem portuguesa. O negociante de bacalhau José Luís Gomes de Sá, nascido na cidade do Porto, teria inventado a receita e dado de presente ao amigo e cozinheiro João, que tratou de executá-la até se tornar o clássico que é hoje, inclusive além-mar. É muito apreciado no Rio e em São Paulo.

De tão difundida, a receita apresenta algumas variações. Existem versões feitas com o lombo do bacalhau, e outras, com lascas do pescado. Há também preparos que levam leite, para amaciar o bacalhau. O que não muda são os ingredientes que compõem esse prato, associado a festividades: batata, azeitona e ovo cozido, tudo regado com muito azeite.

Como servir: em travessas refratárias, diretamente do forno à mesa.

Para comer: em pratos rasos, com garfo e faca.

Bacalhau à Gomes de Sá

Pelo chef
Paulo Shibata

4 postas de bacalhau dessalgado
4 batatas médias
2 ovos
350 g de azeitonas roxas sem caroço
500 mL de azeite de oliva extravirgem
250 mL de óleo vegetal

Rendimento: **2 porções**

1 buquê de ervas aromáticas (tomilho, orégano, alecrim, folhas de alho-poró, talos de salsinha ou de coentro)
2 cebolas grandes cortadas finamente
2 dentes de alho picados
salsinha picada a gosto
sal e pimenta-do-reino a gosto

Retire a pele e as espinhas das postas de bacalhau dessalgadas, deixando apenas os medalhões do lombo. Reserve as aparas e os medalhões.

Em uma panela, coloque as batatas higienizadas, com casca e inteiras, e 1 pitada de sal. Cubra com água e leve ao fogo até ficarem macias.

Coloque os ovos para cozinhar em água fervente (6 minutos para ovos moles). Em seguida, na mesma água, cozinhe as azeitonas por 30 segundos.

Em uma panela, coloque todo o azeite e misture com o óleo. Acrescente as ervas aromáticas e os talos, os dentes de alho e 2/3 das cebolas. Coloque também as aparas de bacalhau. Leve a fogo baixo (em torno de 90 °C), até se levantarem pequenas bolhas. Com o azeite quente, coloque todos os medalhões de bacalhau e tampe a panela. Após 5 minutos, desligue o fogo e mantenha a panela tampada por mais 5 minutos. Em seguida, retire os lombos e coe todo o líquido, reservando o azeite e descartando o restante.

Aplique um pouco de força às batatas cozidas, para ficarem levemente amassadas e se abrirem. Em uma frigideira, verta um pouco do azeite coado, aqueça e coloque as batatas. Tempere com sal e pimenta-do-reino e doure dos dois lados. Verta mais azeite e acrescente as azeitonas, o restante das cebolas e a salsinha picada. Cozinhe até as cebolas murcharem e depois desligue o fogo.

Descasque os ovos e os corte ao meio.

Para finalizar o prato, coloque as batatas por baixo e, por cima, os medalhões, as cebolas, as azeitonas e os ovos. Salpique com um pouco de salsinha e regue com bastante azeite.

SUGESTÃO DO PROFESSOR E PESQUISADOR
CARLOS MANOEL ALMEIDA RIBEIRO

Entrada
 Pastéis de feira sequinhos e crocantes

Prato principal
 Torta capixaba (p. 134)

Segundo prato
 Vaca atolada (p. 127)

Sobremesa
 Romeu e Julieta (goiabada cascão ou cremosa com queijo)

Região

Norte
Nordeste
Centro-Oeste
Sudeste
Sul

ALINE DORNELES

O AMOR DA CHEF PELA COZINHA SE MANIFESTOU CEDO. "QUANDO RECEBI MEU PRIMEIRO SALÁRIO, FUI COMPRAR MUITOS POTINHOS COM TEMPEROS. NEM SABIA O QUE ERA TUDO O QUE COMPREI", CONTA AOS RISOS. TRABALHOU EM OUTRAS ÁREAS E ESTUDOU ADMINISTRAÇÃO ANTES DE INGRESSAR NO CURSO DE GASTRONOMIA COM CERTIFICAÇÃO EM COZINHEIRO CHEF INTERNACIONAL E PATISSIER. HOJE, É UM DOS NOMES DE DESTAQUE NO SUL DO PAÍS.

 @MEUMENU_

DELÍCIAS ENTRE O CHURRASCO E A POLENTA

A tradição de carne no Rio Grande do Sul se deve aos incontáveis rebanhos deixados nessas terras quando da passagem dos jesuítas em suas missões. A carne das vacas era usada para alimentar a população das missões. Quando se retiravam, os rebanhos ficavam soltos – do litoral indo até o Uruguai –, procriando na vida selvagem. Segundo os historiadores, o primeiro gado abandonado ali foi um rebanho de 400 vacas leiteiras em 1681.

Os rebanhos cresceram e se espalharam, aos poucos, por todo o Brasil, chegando até a região Norte. E serviam a outros propósitos: no século XIX, em razão da presença do gado bovino, criou-se uma espécie de medicina, muito popular, atrelada a determinadas crenças: chá de bosta, por exemplo, curava coqueluche; pedra de bucho aliviava qualquer dor, e chifre de boi preso na cerca protegia do mau-olhado.

Mas nem só de carne na brasa viviam os gaúchos; ao longo dos séculos, variações no preparo da carne e a presença dos imigrantes – notadamente os italianos e os alemães – acabaram por tornar a gastronomia regional, além de saborosa, bastante variada.

A mescla de influências europeias, africanas e indígenas marca também a cozinha de Santa Catarina e a do Paraná. No litoral catarinense, a herança dos colonizadores portugueses e açorianos pode ser vista no consumo de peixes e frutos do mar. Avançando para a serra, ganham força a carne suína fortemente condimentada e a cerveja, herdadas dos alemães. Já o legado italiano vive nas cantinas típicas encontradas em todo o estado. No Paraná, a culinária reflete, ainda, os movimentos dos tropeiros (os condutores de gado e mulas por longas distâncias) e dos porcadeiros (que conduziam porcos). Exemplos são como o barreado e a quirera com suã, pratos reconhecidos como Patrimônio Cultural Imaterial.

Ainda assim, o churrasco é o "cartão de visitas" quando se pensa em culinária do Sul. Quando algum visitante estrangeiro o experimenta, sempre se surpreende com a fartura e o capricho no preparo da carne – algo incomum, se não inexistente, em outros países.

HISTÓRIAS DA GENTE BRASILEIRA, DE MARY DEL PRIORE

Relato da viajante

Segundo a escritora e viajante inglesa Maria Graham, as cozinhas das casas do século XIX eram "repugnantemente sujas", fossem de residências mais pobres, fossem das mais abastadas. Muitas se resumiam a um compartimento imundo de chão lamacento e desnivelado, onde se formavam poças d'água. O "fogão" consistia em três pedras redondas armadas, nas quais panelas de barro cozinhavam as carnes. Muitas vezes, havia mais de uma dessas armações que faziam as vezes de fogão.

Louça e acessórios

Existem relatos de que o barro e a argila encontrados no Brasil eram trabalhados como acessórios de mesa com pinturas de azul sobre o branco. Diversos empreendedores europeus chegaram a sugerir a fabricação em maior escala, mas a ideia não foi adiante, e por aqui seguiram fabricando, além de baixelas, botijas e petroleiras para armazenar vinho.

"Farmácia" natural

Havia vários ingredientes que eram usados como medicamentos no Brasil colonial: alho mastigado cru, milho cozido com mel e cachaça, raspas de raízes e frutos secos, cebolas assadas (consumidas em profusão) e, finalmente, o café (como tônico). Mais tarde, juntaram-se a essas receitas ervas como artemísia, macela-galega e poejo, usadas para curar febres, ajudar a expectorar e aliviar dores de estômago.

O óleo de copaíba costumava ser utilizado para pisaduras de cavalos e hematomas e, tal qual hoje, era visto como a solução para vários outros males.

O óleo de coco era usado para fazer sabão e velas e para tratar os couros. As mulheres o produziam: colhiam o coco, deixavam o coco se decompor e então o amassavam e espremiam para obter o óleo.

Durante um tempo, os ovos foram usados apenas como remédio. A comida que levasse ovos era vista com desconfiança, suspeita de dar coceiras e fazer mal à pele.

Canteiros e hortas

Acabavam se misturando, pois as ervas ali plantadas serviam tanto à cozinha quanto ao uso medicinal, e até mesmo para perfumar: malva-cheirosa, manjericão, cânfora herbácea, alecrim (muito eficiente para afugentar insetos). Os colonos, fossem de onde fossem, faziam seus canteiros e hortas quase sempre perto da cozinha, uma vez que ali as hortaliças e ervas seriam utilizadas para os variados intentos.

REGIÃO SUL

Ingredientes e receitas

Eisbein

É o joelho do porco, servido com chucrute (conserva de repolho) e batatas cozidas. Trata-se de um dos pratos mais populares da Alemanha e foi incorporado à culinária do sul do Brasil com a imigração nos séculos XIX e XX. O eisbein tradicional é cozido com temperos como louro, salsão, cebola, pimenta e zimbro. Pode também ser preparado frito ou assado.

Como servir: individualmente, em prato raso. Pode-se fazer uma "cama" com o chucrute, acomodar o eisbein ao centro e dispor as batatas em volta.

Para comer: : com garfo e faca, apesar de o eisbein geralmente ficar com os ossos bem aparentes. O osso fica no prato.

Curiosidade...

O eisbein é tradicionalmente harmonizado com cerveja: escura para mulheres e clara para os homens! Embora hoje essa regra não seja rigorosamente observada, se quiser ser meticuloso convém ter as duas em casa – e perguntar a preferência...

Hachepeter

Versão alemã do steak tartare francês, tem ingredientes um pouco diferentes, como o conhaque (no Brasil, também a pinga) para temperar, além de algumas especiarias específicas. Trata-se de um preparo de carne moída crua, pimenta, páprica, cebola, cheiro-verde, alho, alcaparras, mostardas amarela e escura, molho escuro de soja, azeite de oliva e uma gema de ovo para dar liga (além do conhaque ou da pinga, para estimular o paladar). Na Alemanha, a carne utilizada é a suína. No Brasil, preferimos as bovinas magras e bem moídas.

Geralmente vem acompanhado de pão preto ou integral, mas há estabelecimentos que servem com pão branco também. Em outras localidades do país, você pode encontrar esse prato com o nome de carne de onça.

Como servir: em uma travessa rasa, decorado com alcaparras e rodeado de triângulos de pães claro e escuro – que, além de decorar o prato, proporcionam uma alternância de sabores. Uma vez que cada comensal monta o seu hackepeter, os demais ingredientes são apresentados em cumbucas separadas. O prato vem com uma espátula ou colher para que possamos nos servir. Em restaurantes, é montado e temperado conforme nossa preferência no prato raso, com salada ou batatas fritas.

Para comer: pegamos o pão com a mão (ideal é vir já cortado em quatro, no caso de pães de fôrma e similares) e colocamos uma porção de carne generosa sobre ele. Se for um pedaço de pão pequeno o suficiente para abocanhar de uma vez só, aproveite!

Churrasco

O churrasco como conhecemos no Brasil vem dos Pampas, região que reúne Rio Grande do Sul, Uruguai e Argentina.

O preparo original desse prato é atribuído aos índios que habitavam a costa das três Américas. Eles assavam a carne em uma fogueira sobre pedras com auxílio de uma grelha de madeira verde. Hoje, pelo menos no Rio Grande do Sul, é quase obrigatório ter uma churrasqueira em casa.

A receita é simples: um bom corte de carne temperada com sal grosso. Podem-se também preparar na brasa o queijo coalho, o pão de alho e rodelas de abacaxi (que, salpicado com canela, é um ótimo digestivo).

O acompanhamento de vinagrete de tomate e cebola é fundamental, mas encontramos outros, como saladas verdes, maionese de batata com maçã picada e, claro, a nossa tradicional farofa, presença constante na mesa de qualquer região do país.

Como servir: com os acompanhamentos dispostos em travessas, que podem estar à mesa ou em um bufê. Tudo o que é preparado na brasa deve ser cortado à medida que é servido, para não esfriar. Podem-se usar tábuas para dispor as carnes. Caso haja alguém com disposição para assumir o papel, o espeto pode ser passado de lugar em lugar a fim de que o comensal escolha o pedaço que irá para o seu prato.

Para comer: no prato raso, com garfo e faca serrilhada especial para churrasco. O pão de alho pode ser comido com a mão, assim como carne de coxinhas de frango e sanduíches improvisados (montados a gosto pelo comensal).

Em tempo...

Embora a linguiça faça parte do tira-gosto antes das "carnes propriamente ditas", há uma convenção entre os churrasqueiros de que devemos começar pelos sabores mais delicados, evoluindo aos poucos para os mais intensos.

Dois churrascos

Pela chef
Aline Dorneles

Churrasco de picanha

Corte o excesso de gordura da peça, que será assada em quadrados. Como segundo passo, sele a carne sem tempero algum, começando pelo lado da gordura. Essa selagem deve ser rápida, apenas o suficiente para dourar a carne dos dois lados.

Terceiro passo: deixe a carne descansar em uma tábua por aproximadamente 5 minutos, para manter a suculência dentro dela. Como quarto passo, corte em fatias com espessura de aproximadamente dois dedos. Vá para o quinto passo, que é colocar a carne de volta à churrasqueira, até atingir o ponto desejado. Como sexto e último passo, tempere com sal flocado especial para churrasco ou o de sua escolha.

"Churrasveg"

As melhores hortaliças para grelhar são brócolis, cabeça de alho, milho na espiga, pimentão, abobrinha, abóbora, berinjela, cebola, cenoura, batata branca e batata-doce. Também são recomendados o cogumelo-de-paris e o Portobello. Esses ingredientes podem ser acomodados no espeto ou preparados na grelha.

Corte ou fatie as hortaliças em tamanhos iguais, para assarem de maneira uniforme. Caso prepare na grelha, faça fatias; se fizer no espeto, corte em cubos que possam ser espetados sem dificuldades. Unte os ingredientes com um pouco de azeite e tempere com sal e pimenta-do-reino moída na hora. Ervas como tomilho, alecrim, orégano, hortelã e/ou manjericão agregam um sabor ótimo e proporcionam um aroma defumado. Conforme prepara as hortaliças, gire para que todos os lados fiquem assados por igual.

Marreco

Muito consumido nas cidades colonizadas por alemães em Santa Catarina, onde há uma festa anual dedicada a ele! Recheado com farofa feita com seus miúdos, é assado e servido com repolho roxo, batatas e purê de maçã, contemplando a mistura de salgado com doce tão apreciada na culinária germânica.

Como servir: inteiro em uma travessa, decorado com as batatas e o repolho roxo. O purê de maçã é servido à parte. Importante: se tiver, coloque os talheres para destrinchar o marreco e também uma colher, para as pessoas se servirem do recheio com mais facilidade.

Para comer: com garfo e faca. Não se usam as mãos. Simples assim. Como a ave fica um bom tempo no forno, a carne se solta facilmente do osso. Em tempo: os ossos não vão para pratinho "cemitério" nem são apoiados em um eventual sousplat de borda larga. Ficam no prato de cada comensal.

Caldeirada de peixe

Em tempo...
Como se trata de um grande cozido, vale lembrar que os pedaços de peixe e os frutos do mar escolhidos devem estar em tamanho apropriado, para que não seja necessário cortá-los à mesa.

Espécie de moqueca da região Sul (não leva dendê nem leite de coco, como a prima baiana), manteve o nome original da receita portuguesa. Em Portugal, ela traz como ingredientes básicos variedades de peixe, batata, cebola, tomate e pimentão. No Brasil, é feita com postas de cação, namorado ou robalo e frutos do mar como mexilhão, polvo e lula, acrescidos de sal, coentro, salsinha ou cheiro-verde, tomate, pimenta e pimentão.

A caldeirada pode ser mais ou menos líquida: por vezes, é servida como uma sopa, mas em outras regiões é apresentada mais seca, sobre fatias de pão ou com pedacinhos de pão torrado.

Arroz branco e pirão são os acompanhamentos mais comuns, embora a caldeirada possa também ser prato único.

Como servir: em sopeira ou panela funda disposta na mesa, em caso de consistência mais líquida, ou individualmente em pratos fundos.

Para comer: com colher, no caso de estar mais líquida. Acompanhada de arroz e pirão, com garfo e faca. E, sim, pode-se jogar o caldo sobre o arroz para umedecê-lo.

Polenta no fio

É cozida até se tornar uma massa bem durinha, a ponto de ser cortada com um fio de algodão – daí o seu nome. É temperada apenas com sal e pode vir acompanhada de ragu (molho à base de carne), carne desfiada ou em cubos, funghi e champignons e cubos de queijo. Tudo servido junto e próximo da polenta, para que se derreta e degustemos apreciando o mix de sabores.

Como servir: caso queira, na própria panela, mas é também apresentada em tábuas individuais ou mesmo em uma grande tábua comunitária. Há quem sirva em pratos planos de pedra – mas esses apenas para as receitas mais firmes e com molhos mais secos.

Para comer: em prato raso, quando acompanhada (inclusive de molhos "pedaçudos", pois a aba permite que o molho não escorra). Uma boa dica é "arrastar" o molho em direção à polenta, que, em geral, fica no centro do prato com o acompanhamento ao redor. Outro layout consiste em colocar a polenta em formato de ninho e acomodar o molho dentro.

Fortaia

É uma grande omelete de queijo. O ovo e o queijo devem estar bem equilibrados, para que nenhum se sobressaia ao outro e a explosão de sabores fique por conta da linguiça ou do salame incluídos na receita, que é temperada com sal e orégano.

O nome tem origem italiana e provavelmente deriva da palavra *frittata*, receita semelhante à fortaia preparada na frigideira e saboreada quase como uma torta.

Tal qual uma omelete, é feita em frigideira, embora possa também ser colocada em fôrmas menores e levada ao forno, assando até adquirir a consistência desejada.

Como servir: em travessa, para que o comensal se sirva da quantidade desejada. Hoje, com a estética moderna e divertida de algumas marcas de panelas, podemos servir a fortaia na própria frigideira: assim, mantemos tanto o calor quanto a crocância e o frescor.

Para comer: com garfo e faca, exceto se for servida apenas com pão – o que é muito comum no Sul, onde se pega o pão com a mão e se coloca sobre ele a quantidade desejada de fortaia.

Macarronada

É o prato típico mais famoso da Itália e sucesso absoluto nas casas de seus descendentes no Brasil. Apesar de termos massas em diversos formatos (penne, fusilli, fettuccine, etc.), a macarronada clássica refere-se ao espaguete. No cozimento, é temperada apenas com sal e servida com molhos diversos.

Como servir: em geral, em uma travessa funda já incorporada ao molho escolhido. Mas não há problema em servir o molho separadamente (embora o prato ganhe mais sabor quando vem da cozinha pronto). E, nesse caso, o molho precisa estar em maior quantidade, pois individualmente o consumo é maior. Acompanha queijo ralado, que deve estar disposto em um recipiente para que cada comensal sirva-se conforme seu gosto. Usa-se o pegador próprio para massas para colocar a macarronada no prato.

Para comer: se a macarronada tiver sido feita com espaguete ou outro tipo de massa com muito molho, poderá ser servida em prato fundo. Mas não em cumbucas, principalmente no caso do espaguete, que precisa de espaço para ser enrolado. Afinal, os fios não devem ser cortados: isso é quase um crime em uma mesa italiana ou do Sul. Se por um lado o prato fundo preserva melhor a temperatura, por outro o raso facilita a manobra de enrolar o macarrão com o garfo e, em determinado momento, abocanhar de uma só vez.

E como enrolar?

Com o garfo na perpendicular, separe poucos fios (de 5 a 7) e puxe-os para a borda do prato. Dessa maneira, será mais fácil enrolar sem correr o risco de "pegar" outros fios e acabar com um grande bolo enrolado para abocanhar. Caso fiquem fios para fora da boca, corte-os com os próprios dentes. Chupar trazendo para dentro da boca, jamais... O uso da colher como talher auxiliar para enrolar o macarrão é aceito em algumas regiões, mas apenas em ocasiões informais.

Em tempo...

Se a macarronada for servida em prato fundo, este deverá sempre ser acompanhado do raso embaixo.

Galeto ao primo canto

No Sul, é chamado também de passarinhada (tal qual na Itália) e era alimento de dias festivos dos primeiros colonos que aqui se instalaram. Com a proibição da caça aos passarinhos, o prato passou a ser feito com o galeto (frango jovem). Daí vem o nome: primeiro canto (ou *primo canto*), em uma referência à tenra idade da ave.

Embora seja preparado no forno, não se deve confundir galeto com "frango assado". O galeto deve ser temperado por no mínimo 24 horas em uma marinada de sálvia, manjerona (muito usada no sul do Brasil), cebola, salsa, orégano, sal, alho, pimenta-do-reino, cerveja e azeite de oliva. Nas galeterias, vem acompanhado de polenta frita, espaguete no alho e óleo e salada de radicchio.

Como servir: em travessas ou tábuas, com seus acompanhamentos em recipientes separados.

Para comer: usa-se prato raso, com o espaguete acompanhando. Come-se com garfo e faca, mas é permitido usar as mãos para aproveitar ao máximo a carne. Lembrando sempre que os ossos devem ser deixados no canto do prato.

Em tempo...

O radicchio é uma folha vermelha de origem italiana, de sabor ligeiramente amargo, crocante e firme, normalmente degustada "rasgada" e misturada a outras folhas. Aprecia-se com azeite, cebola fatiada e sal.

Charutinho (peixe na brasa)

Charutinho é um peixe pequeno de água doce muito parecido com a sardinha, tanto que existe a confusão dos nomes no litoral catarinense. De qualquer forma, ambos podem ser feitos na brasa. No Sul, manteve-se a forma lusitana de preparo: basta temperar o peixe com sal grosso e levá-lo à churrasqueira em uma grelha apropriada, para que seja fácil virá-lo. Geralmente, serve-se com pão e limão – esse último, indispensável.

Como servir: bem quente e direto da frigideira à mesa. Morno ou frio não tem a menor graça. O ideal é preparar e servir conforme as pessoas comam. Pode ser apresentado em tábuas ou travessas. É interessante dispor uma cestinha (ou várias) com pães e pratinhos com limão cortado, para que os comensais possam se servir à vontade.

Para comer: por ser um peixe com bastante espinha, é natural e aceitável comê-lo com a mão. Abrimos ao meio, retiramos a espinha maior – que sai inteirinha – e vamos pegando os pedacinhos, eventualmente tirando outras que possam aparecer.

Tainha e ovas

Assim que as temperaturas caem no litoral de Santa Catarina, a tainha é dos peixes mais consumidos. De carne escura e forte, pode ser frita em postas ou assada na brasa, recheada ou não. Seja qual for o modo de preparo, o acompanhamento é fácil. No dia a dia dos lares do litoral catarinense, é muito comum que o almoço consista em posta de tainha frita com arroz e feijão. Quando preparada na brasa, pode ser acompanhada de batatas, legumes salteados e salada.

O chamado "caviar catarinense" são as ovas da tainha, usadas para rechear o peixe ou fritas em imersão e consumidas como aperitivo. Também é possível rechear a tainha com pinhão, outro ingrediente típico de meses mais frios.

Como servir: tanto em postas quanto assada, a tainha pode vir em travessa, tábua ou cerâmica plana decorada com limão. Os acompanhamentos são apresentados em recipientes separados.

Para comer: o ideal são os talheres para peixe. Na falta deles, garfo e faca comuns.

Arroz carreteiro

Esse é um dos destaques da culinária gaúcha, preparado com arroz e charque (carne salgada e seca ao sol para mantê-la por mais tempo sem necessidade de refrigeração). Tudo preparado na panela de ferro.

Atualmente, é comum preparar arroz com as sobras do churrasco do dia anterior e chamar de carreteiro, mas o original mesmo é feito com os dois ingredientes principais acrescidos de linguiça, bacon e temperos como alho, cebola, louro e salsinha.

É um prato único, que pode ser acompanhado de vinagrete, queijo ralado e salada de rúcula.

Como servir: direto na panela de ferro, que pode estar em um fogo de chão, em um formato de refeição bem tradicional, ou colocado em uma travessa para ir à mesa ou um bufê.

Para comer: em prato raso, com garfo. A faca é usada apenas como talher auxiliar, pois não há necessidade de cortar as carnes, que já estão bem desmanchadas em razão do cozimento.

Paçoca de pinhão

Iguaria muito popular na serra catarinense e receita mais pedida durante a Festa Nacional do Pinhão, que acontece na cidade de Lages. Trata-se de uma mistura de pinhão cozido e carnes bovina e suína – tudo moído e misturado com bacon e linguiças (toscana e calabresa). Há quem use também pedaços de pimentão. A receita leva ainda cebola, alho, sal, pimenta-do-reino e cheiro-verde. O ponto ideal é da mistura bem soltinha.

Como servir: pela tradição, sem acompanhamentos, como prato único. Pode ser apresentada em uma travessa funda, para o comensal se servir à vontade.

Para comer: com colher, em cumbucas.

Entrevero

O pinhão é uma semente típica das regiões serranas de Santa Catarina e do Paraná. Junto de carnes (em geral, alcatra bovina, lombo suíno, peito de frango), linguiça calabresa e bacon, compõe o prato chamado entrevero. Os ingredientes são refogados em um disco de arado e temperados com sal, pimenta, pimentões (amarelo, vermelho e verde), cebola, alho, tomate e cheiro-verde. A mistura resulta em uma deliciosa explosão de sabores. O entrevero pode ser servido com pão, e há quem goste de comer com arroz.

Como servir: na própria panela ou em frigideira. Transferir para uma travessa é opcional. Deixe cestos com pães para os comensais pegarem à vontade. No caso de servir com arroz, este deve ser apresentado em uma travessa separada.

Para comer: caso seja servido com pão, pode-se usar o prato de sobremesa, colocar o entrevero no prato, rechear o pão com ajuda de uma colher e comer com a mão. Quando servido com arroz, usam-se prato raso, garfo e faca.

Entrevero de pinhão

Pela chef
Aline Dorneles

100 g de bacon em cubos pequenos
200 g de linguiça blumenau
400 g de alcatra em tiras
400 g de peito de frango em tiras
2 cebolas cortadas finamente
3 dentes de alho picados finamente
1 alho-poró em rodelas finas
1 pimenta dedo-de-moça picada finamente
1 pimentão amarelo em cubos
1 pimentão vermelho em cubos
1 pimentão verde em cubos
4 colheres (sopa) de molho escuro de soja
1 lata de tomate pelado
600 g de pinhão cozido, descascado e cortado ao meio
sal e pimenta-do-reino a gosto
cheiro-verde a gosto

Rendimento: **6 a 8 porções**

Comece dourando o bacon e a linguiça. Em seguida, coloque a alcatra e o frango. Acrescente a cebola, o alho, o alho-poró e a pimenta dedo-de-moça, deixando dourar. Adicione os pimentões, o molho e o tomate pelado. Por último, acrescente o pinhão e deixe cozinhar até que todos ingredientes estejam incorporados.

Ajuste o sal e coloque pimenta-do-reino a gosto. Finalize com o cheiro-verde.

Barreado

Prato de origem açoriana da época do Império, foi consolidado ao longo do tempo como símbolo da gastronomia paranaense. Deve ser preparado em panela de barro vedada com uma massa de farinha para manter o vapor, transformando-a em um caldeirão. Essa operação se chama "barrear a panela", daí o nome do prato. Os ingredientes são cozidos em fogo baixo – preferencialmente, no fogão a lenha. O cozimento pode levar de 16 a 24 horas, e esse tempo deve ser respeitado para que o alimento fique na textura correta.

Os primeiros barreados eram feitos em um panelão de barro, vedado e enterrado. Em cima, acendia-se uma fogueira. O cozimento se dava sem que fosse adicionada água. É possível ouvir essa história nos restaurantes especializados no prato, na cidade paranaense de Morretes.

Atualmente há quem faça na panela de pressão para acelerar o processo, porém os puristas dizem que o resultado não é o mesmo.

A carne deve ser mais resistente e com mais fibras. Cortes como filé-mignon ou alcatra não aguentam o tempo de cozimento e se transformam em caldo. É temperada com cebola, alho, toucinho, pimenta-do-reino, louro, cominho, cheiro-verde, alfavaca e vinagre e cozida até desmanchar.

Já à mesa, mistura-se o preparado à farinha de mandioca até que chegue à consistência ideal – bem firme! Acompanha banana-da-terra fatiada em abundância.

Como servir: na própria panela de barro, com tigelas também de barro para apresentar os acompanhamentos. A banana é indispensável e deve vir em grande quantidade, pois o ideal é ter a mistura em cada garfada. Se quiser acrescentar uma colher aos talheres, é uma opção confortável para o comensal – uma vez que o barreado consiste em uma mistura cremosa.

Para comer: em prato fundo, com garfo e faca. E não há problema algum em usar colher caso ela esteja disponível. Monta-se o prato sobre uma "cama" com a farinha, coloca-se a carne e mistura-se para atingir a consistência ideal. Por último, as fatias de banana, por cima. Conforme a orientação de especialistas, caso você aprecie a fruta, pode até cobrir o prato com rodelas, sem pudor, já que a ideia é comer uma a cada bocado.

Leitão à pururuca

Leitão é o porco jovem. Na receita tradicional, assa-se com a pele, que fica crocante quando, após a etapa do forno, é passado gelo sobre ela e, em seguida, jogado óleo fervendo. Como alternativa, pode-se usar maçarico para "pururucar". O prato, embora típico do Paraná, também é apreciado na região Sudeste (em São Paulo, em Minas Gerais e no Espírito Santo). Acompanha farofa, arroz branco e salada.

Como servir: o leitão inteiro, em uma grande travessa decorada com a farofa. Os demais acompanhamentos devem ser apresentados em travessas separadas.

Para comer: em prato raso, com garfo e faca. A carne do porco é macia e fácil de cortar.

Em tempo...

O sucesso do prato depende de haver utensílios corretos para fatiar e trinchar. Facas serrilhadas amoladas e garfões para firmar são indispensáveis.

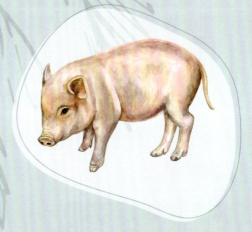

SUGESTÃO DA CHEF ALINE DORNELES

Entrada
  Hackepeter (p. 148)

Prato principal
  Entrevero de pinhão (p. 158)

Sobremesa
  Peras ao vinho

Bolos, doces e sobremesas

O doce visitava, fazia amizades, carpia, festejava.

Luís da Câmara Cascudo

A doçaria no Brasil é privilegiada: além da herança das maravilhosas receitas de doces portugueses, desde o início do período colonial agregou ingredientes que se tornaram nossa marca quando pensamos em um paladar brasileiro. Somemos a isso as influências de imigrantes italianos, alemães e espanhóis – famosos pela delicadeza de suas sobremesas –, e não é difícil chegar à conclusão de que somos muito ricos nas nossas sobremesas e nos nossos doces de festa!

A historiadora Mary Del Priore destaca dois ingredientes que se sobressaíam nesse período de formação da doçaria brasileira: o leite de coco e as frutas cristalizadas.

O leite de coco, em muitos casos, foi juntado ao milho, e ambos acabaram harmonizando muito bem com outros elementos, em especial os subprodutos da mandioca, como carimã, polvilho, goma... Desse encontro nasceram inúmeros bolos, pudins, manjares, mingaus, cremes...

Cocada, doce de coco, munguzá, canjica, cuscuz e tapioca são apenas algumas das delícias feitas com o leite de coco por aqui.

Na cozinha salgada, entre os pratos que levam leite de coco estão a moqueca baiana, a fritada de siri, a guaiamunzada com arroz de coco e o marisco ao molho de coco.

Quanto às frutas cristalizadas, eram muito populares em todo o território. Algumas vinham da Índia; outras consistiam nas muitas frutas aqui encontradas que eram mergulhadas em uma espessa calda de açúcar e, depois de absorvida parte da calda, retiradas e colocadas para secar ao sol – ou sobre o fogão a lenha.

Uma vez secas, eram vendidas, inteiras ou cortadas, em tabuleiros nas ruas ou comercializadas no atacado em caixotes de madeira. Havia deliciosos torrões cristalizados de pitanga, araçá, sapoti, goiaba, maracujá – sabores exóticos e estimulantes nunca antes provados. Mary Del Priore discorre sobre como viajantes e diplomatas em visita se encantavam com esses sabores e os exaltavam em suas cartas. Por durarem bastante, as frutas cristalizadas eram vendidas também em tendas de secos e molhados.

Essa diversidade de influências e ingredientes resultou, também, em um rico arsenal de curiosidades em torno da doçaria no Brasil.

EM TODAS AS OCASIÕES

Segundo Câmara Cascudo, os bolos cumpriam uma função social importante, pois estavam presentes em toda sorte de evento, de batizados a casamentos, passando por noivados e aniversários. Eram utilizados até mesmo em condolências, quando proporcionavam inegável conforto. Fáceis de ser compartilhados e transportados, não admira que fossem tão populares.

PRA CASAR

"Moça prendada" precisava, além de saber bordar, cozinhar e receber, ter "mão de ouro nos doces". Isso ia além de fazer sobremesas e quitutes com açúcar: qualquer tabuleiro de bolo era enfeitado com papel colorido delicadamente recortado e panos de franjas trabalhadas, além de decorado com canela e açúcar. Pequenas obras de arte da doçaria.

OUTROS QUITUTES

Outras iguarias apreciadas eram o arroz-doce salpicado com canela, goiabadas e marmeladas e rapadura – a "massa dura de açúcar ainda não depurado", conforme a descrição em algumas crônicas da época colonial.

A doçaria dá um outro livro só de histórias e receitas. E trataremos disso em outro momento!

Aos amigos

aqui nomeados e também os seguidores e anônimos

Viajo pelo Brasil há pelo menos 45 anos. Só nos últimos 10 contabilizei mais de 300 deslocamentos para fazer palestras e treinamentos, sempre muito bem recebida tanto pelos amigos quanto por chefs e outros "anfitriões" que, à moda brasileira, têm esse talento muito peculiar de transformar qualquer encontro em alegria e festa. E foram tantos!

Daí a importância de agradecer a todos esses amigos que citarei aqui, sem os quais certamente não teria tanto repertório para começar a aventura de desvendar nossas receitas regionais. Cada um, à sua maneira, contribuiu para este livro. São amigos e incentivadores, inspiradores do bem viver e bem receber. Alguns, chefs premiados; outros, gourmands inveterados. Outros, ainda, ambos!

Espero revê-los em breve, para repetir a rica experiência de compartilhar delícias! Quando digo que são tantos e dos mais variados rincões do Brasil, não é força de expressão: agradeço, a seguir, àqueles com quem tive o privilégio de criar vínculos e desenvolver amizades preciosas. No entanto, agradeço igualmente aos chefs anônimos que, diariamente, arquitetam sabores. E a cada vendedor de mercados locais, que sempre nos recebe com o genuíno prazer de compartilhar!

Na Paraíba, Sandra Azevedo, grande anfitriã que me abriu as portas a sabores e cenários inusitados. Sem falar na deliciosa cachaça Volúpia, produzida pela família.

Em Maceió, Alagoas, mais de uma vez Ana Maia me recebeu em seu ateliê. Além de suas obras como artista plástica e designer, recentemente me apresentou ao sabor das Geleias da Terra: puro prazer, em um admirável trabalho de amor e dedicação!

Ainda em Maceió: foi no Picuí, do chef Wanderson Medeiros, que descobri que a comida regional vai muito além das tradições: leva junto amor e muita pesquisa.

Em Fortaleza, Francisco Campello e Gláucia Andrade me mostraram belezas e sabores da verdadeira tradição cearense. Sou grata também a Alódia Guimarães – extraordinária e única –, que com o marido, Paulo Sergio, e toda a maravilhosa família me recebeu em sua casa como só amigos do coração fazem e me apresentou o "limãozinho do Piauí", que tem cara de chuchu, textura de chuchu e um delicioso sabor de tomates verdes e... limão, claro! Com ele, fazíamos vinagretes deliciosos – além de usá-lo como acompanhamento de tudo!

"Pirei" com o limãozinho do Piauí e pedi a Manoel Veras, meu amigo de Teresina, que me mandasse um "carregamento" ou mesmo sementes. Quem disse?! Manoel está até hoje procurando, pois o limãozinho, aparentemente, no Piauí tem outro nome. Mas o amigo Manoel é responsável por outras aventuras e outros momentos memoráveis em Teresina, de onde guardo ternas lembranças! Obrigada, caríssimo!

Em Boa Vista, Roraima, Teresa Roriz não apenas me levou para saborear deliciosos peixes de rio como, junto com Manoel, acompanhou a mim (e a Mário Ameni, companheiro de trabalho e viagens, a quem aproveito para agradecer a paciência) em um banho de rio memorável! Bênção das bênçãos, um banho de rio intocado...

Em Natal, Rio Grande do Norte, a dupla Zuleide Vieira e o cerimonialista JB, nosso Joãozinho, mais de uma vez nos deixou de queixo caído tamanha a diversidade das delícias e cenários. Sem falar na alegria da troca de informações!

Em Recife, Pernambuco, Carlos Trevi me mostrou não apenas a arte como também a tradição e o folclore do lugar há muitos anos. Décadas depois, Rose Blanc, mais de uma vez, acompanhou-me em diversas ocasiões e me apresentou a Michele Menache e a Sonia Otoni, que me levaram a Petrolina, onde conheci e bebi alguns ótimos vinhos da vitivinícola Santa Maria, literalmente dentro do rio que passa pela fazenda. Outro privilégio...

Na Bahia, Sayonara Andrade, em nome de quem agradeço a tantos outros amigos baianos que sempre me acolheram com delicadeza e alegria únicas!

O Centro-Oeste, para mim, é a região mais fascinante – por seus contrastes, por seu mix de autenticidade e requinte e pelas pessoas que lá conheci:

Dona Leila Malouf, que em sua casa me fez relembrar minha origem libanesa e os fartíssimos almoços da colônia árabe. Comíamos deliciados em volta de sua mesa de mais de 10 travessas regiamente dispostas quando, ao entrar na cozinha para buscar um copo d'água, descobri que havia outra mesa – com mais outro tanto de delicadas maravilhas à espera de serem degustadas... sabor, alegria e hospitalidade inesquecíveis!

Ariani Malouf, sua filha, que à frente do seu restaurante, o Mahalo, generosamente compartilha seu talento com os demais amantes da boa mesa – sejam chefs, clientes ou amigos.

Izis Dorileo, profissional de eventos competentíssima e dedicada, que me apresentou a Leila, Ariane e outras belezas ocultas de Cuiabá e região: quero voltar logo, amiga, e sempre! Obrigada sempre!

Em Vitória, Espírito Santo, Roberta Lacerda, minha primeira amiga capixaba, há anos me apresenta a iguarias e mestres de gastronomia requintadíssimos. Ela e a mãe, Stella, formam uma dupla sensacional de organização de eventos memoráveis. Ainda em Vitória, Mariana Reis me apresentou a delicadezas naturais e fit da nossa culinária, sempre com um outro olhar para o que poderia parecer óbvio ou fácil.

Katia Cubel, que em Brasília há mais de 25 anos me apoia, ajuda, revela novos olhares para tanta coisa quando se trata de Brasil – sempre ao redor de uma mesa, com risos e ótimas conversas! Saudades, mas vamos retomar os encontros!

Dannilo Camargos e Diogo Vaz, em Minas Gerais, que durante quatro dias foram os anfitriões perfeitos de um dos eventos mais memoráveis de que participei, repleto de significados e boas vibes e onde não faltou, claro, a boa comida mineira, servida com sofisticada simplicidade.

Em Santos, São Paulo, Ruth Teixeira, que há décadas só me mostra o melhor: com ela, conheci o Claudio Santana e o chef João, do Lorient Bistrô, com quem dividimos, além de ótimas conversas, as melhores galettes do planeta!

No Sul, Angela Guedes, jornalista experiente que me levou, mais de uma vez, para encontros tão singulares quanto marcantes. Alex Ferrer, de Santa Catarina, que faz acontecer em toda a região, e Janine Antunes – amiga recente, com quem dividi um dos últimos grandes eventos pré-pandemia. Ainda na região Sul, em Itajaí (Santa Catarina), agradeço a Renata Kauling Z. de Negreiros, que, por um telefonema e muito entusiasmo, iniciou essa pesquisa com a qual me entusiasmei e acabei por transformar em livro.

Agradeço ainda, muito, e de todo o coração, a Marisa Moura, minha amiga e agente literária. Há 25 anos, apoia toda e qualquer ideia. E à equipe da Editora Senac São Paulo, que, em meio à pandemia, trouxe a primeira brisa de esperança e retomada de atividades com a rápida resposta para viabilizar este livro.

Escrever nesses meses difíceis foi libertador: uma linda viagem por lugares que já conhecia, mas com um outro olhar. Uma criação coletiva, e aqui mais uma vez agradeço a Carlos Manoel Almeida Ribeiro a preciosa consultoria – e, também, as risadas através do Zoom, elaborando, conferindo e finalizando este trabalho.

A todos vocês, meu imenso carinho e minha gratidão, além de muita saudade. E um "até breve" gigante, já sonhando com nosso próximo encontro ao vivo!

Claudia Matarazzo

Referências

CASTRO, Ruy. **A noite do meu bem**: a história e as histórias do samba-canção. São Paulo: Companhia das Letras, 2015.

DE MATOS, Ieda. **Iemanjá**: aves e pescados. São Paulo: Arole Cultural, 2020.

DEL PRIORE, Mary. **Histórias da gente brasileira**: volume 1. Colônia. São Paulo: Leya, 2016.

DEL PRIORE, Mary. **Histórias da gente brasileira**: volume 2. Império. São Paulo: Leya, 2016.

GASTRONOMIA do Paraná. **Paraná Turismo**. Disponível em: https://www.turismo.pr.gov.br/Turista/Pagina/Gastronomia-do-Parana. Acesso em: 17 nov. 2021.

NARCISO, Daniela; ROLIM, Danilo. **Farofa**. São Paulo: Editora Senac São Paulo, 2019.

RIBEIRO, Carlos. **Oxum**: doçaria fina e quitutes. São Paulo: Arole Cultural, 2019.

RIBEIRO, Carlos; CAETANO, Vilson. **Comida de santo que se come**. São Paulo: Arole Cultural, 2018.

Índice de receitas

"Churrasveg", 150
Abará, 61
Acarajé, 57
Bacalhau à Gomes de Sá, 135
Bolinho de feijão-verde, 83
Bolovo, 132
Casquinha de siri, 73
Churrasco de picanha, 150
Cocada de forno com sorvete de rapadura, 84
Damorida de cogumelos, 30
Damorida macuxi, 28
Entrevero de pinhão, 158
Lagosta ao mocororó, 78
Lambreta, 76
Maria Isabel com farofa de banana-da-terra, 105
Mojica de pintado, 100
Moqueca de peixe, 70
Pato no tucupi, 34
Picadinho, 124
Piché (ou pixé), 108
Sururu ao leite de coco, 66
Virado à paulista, 128

Índice geral

"Onde houver farinha e milho, cada um cria seu filho", 20
"Se não é farofa, não é comida", 21

Abará, 61
Açaí, 32
Acarajé, 56-58
Admiração, carinho e muita gratidão!, 10
Água de coco, 50
Aline Dorneles, 143, 150, 158, 162
Aluá, 60
Angu, 123
Aos amigos – aqui nomeados e também os seguidores e anônimos, 169
Ariani Malouf, 90, 100, 105, 110
Arroz carreteiro, 104, 156
Arroz de pequi, 104

Bacalhau à Gomes de Sá, 135, 136
Bambá de couve, 131
Barreado, 145, 160
Batipuru, 32
Bauru, 134, 135
Bois, dromedários e formigas, 51
Bolinho Capitão, 80
Bolinho de feijão-verde, 83
Bolinho de pirarucu com molho de tucupi, 25
Bolo de arroz, 98
Bolos, doces e sobremesas, 164
Bolovo, 131, 132
Buchada de bode, 20, 61

Cachaça, 49, 51, 61, 93, 118, 122
Cachorro-quente com purê, 134
Café, 21, 51, 92, 93, 116, 120, 146
Café brasileiro, 92, 93
Cafofa, 69
Caldeirada de peixe, 152
Caldo de cana, 49, 135
Caranguejada, 64
Cardápio do Centro-Oeste, 103, 110
Cardápio do Nordeste, 86
Cardápio do Norte, 38
Cardápio do Sudeste, 138

Cardápio do Sul, 162
Carlos Manoel Almeida Ribeiro, 10, 11, 61, 114, 124, 132, 138, 172
Carol Manhozo, 91, 108
Caruru de folhas, 60
Caruru de quiabos, 60
Casquinha de siri, 69, 73
Cerveja brasileira, 49
Chá, 51
Charutinho (peixe na brasa), 155
Churrasco, 144, 145, 149, 150, 157
Cocada de forno com sorvete de rapadura, 84
Como come?, 13
Cupuaçu, 37
Curiosidade..., 149
Curiosidades, 22, 53, 95, 120, 146
Cuscuz à paulista, 130

Damorida de cogumelos, 30, 38
Damorida macuxi, 28
Damorida (ou damurida), 27
Dani Façanha, 42, 70
Delícias entre o churrasco e a polenta, 144
Denise Röhnelt de Araujo, 19, 28, 30, 38
Detalhe elegante, 61
Dica, 28, 30, 58, 62, 66, 73, 78, 84, 124, 130, 132
Dois carurus, 60
Dois churrascos, 150

E como enrolar?, 154
Eisbein, 148
Em tempo..., 24-26, 35, 37, 56, 61, 64, 65, 75, 102, 104, 123, 135, 148, 152, 154, 155, 161
Em todas as ocasiões, 167
Entrevero, 157
Exuberância convivendo com escassez, 14

Farofa, farinha ou paçoca?, 21
Faustino Paiva, 43, 78
Feijoada, 26, 117, 118, 122, 123
Filé à Osvaldo Aranha, 126
Fortaia, 153

Galeto ao primo canto, 155
Galinha à cabidela, 74, 117
Galinha caipira, 131
Galinhada, 99
Garoupa salgada com banana-da-terra, 134
Guaraná, 15, 33, 50

Hackepeter, 148, 162
Herança indígena no Espírito Santo, 117

Ingredientes e receitas da
    região Centro-Oeste, 97
Ingredientes e receitas da região Nordeste, 55
Ingredientes e receitas da região Norte, 23
Ingredientes e receitas da região Sudeste, 121
Ingredientes e receitas da região Sul, 147

Lagosta, 75, 78
Lagosta ao mocororó, 78
Lambreta, 74, 76
Laranjada, 50
Leitão à pururuca, 117, 161
Limonada, 50

Macarrão de comitiva, 98
Macarronada, 154
Malassada, 81
Maniçoba, 26
Maria Isabel, 104, 105, 110
Marreco, 104, 105, 110
Mary Del Priore, 10, 11, 14, 22,
    51, 53, 95, 120, 146, 166
Milagrosa farinha!, 20
Mingau caridade, 80
Mocororó, 68, 78
Mojica de pintado, 99, 100, 110
Moqueca, 25, 42, 61, 68, 70, 117, 126, 152, 166
Moqueca capixaba, 126
Moqueca de peixe, 61, 70
Muito trabalho, atividade incessante
    e comida com "sustança", 116
Muma de siri, 131

Nota das autoras, 9
Nota do editor, 7

O que se bebia, além da água, 48
Onildo Rocha, 44, 76, 83
Ora-pro-nóbis, 123
Outros mingaus, 80
Outros quitutes, 167

Paçoca de carne, 98
Paçoca de pinhão, 157
Pamonha, 102
Pamonha à moda, 102
Pamonha doce, 102
Pastel de feira, 135
Pato no tucupi, 33, 34
Paulo Shibata, 115, 128, 136
Picadinho, 11, 118, 119, 123, 124, 135
Picadinho Meia-Noite, 118
Piché (ou paçoca doce), 104
Piraputanga, 103, 110
Pirarucu, 24, 25, 46, 94
Polenta no fio, 153
Porto longe do mar, 93
Pra casar, 167
Pucherada, 103

Rapadura, 60, 81, 84, 86, 167
Referências, 173
Refresco tropical, 48
Região Centro-Oeste, 97
Região Nordeste, 55
Região Norte, 23
Região Sudeste, 121
Região Sul, 147
Rivalidade Rio × São Paulo?
    Não nas panelas, 117

Saladas, 27
Sobá, 103
Sopa paraguaia, 99
Sorvete de taperabá, 36
Sururu ao leite de coco, 66
Sururu de capote, 65

Tacacá, 24, 28
Tainha e ovas, 156
Tambaqui, 24, 28
Tereza Paim, 45, 57, 62
Tradição mineira, A, 116
Torta capixaba, 134, 138
Tucunaré, 26
Tutu de feijão, 80, 117, 126, 127

Vaca atolada, 127, 138
Van Régia, 46, 84, 86
Vatapá, 56, 60, 61
Vinho africano (ou vinho de Palma), 49
Vinho português, 48, 60
Virado à paulista, 127, 128

Wanderson Medeiros, 47, 66, 73, 170

X-caboclinho, 36

Créditos iconográficos

Aline Dorneles – p. 143, 149, 150, 157, 158
Ariani Malouf – p. 90, 100, 101, 105, 106, 107
Carol Manhozo – p. 109
Carlos Manoel Almeida Ribeiro – p. 114, 124, 132
Daniela Martins – p. 35
Denise Röhnelt de Araujo – p. 29, 31
Dionéia Aparecida Dutra – p. 19, 28, 30
Ítalo Victor de Holanda – p. 43, 78, 79
Joe Oliveira – foto de Renata Kauling Z. de Negreiros na capa
Katiana Cavalcante Guerra – p. 46, 84
Luna Garcia/Estúdio Gastronômico – p. 58, 59, 63, 125, 133, 164, 165
Mateus Lucas Pires Pedroso – p. 91, 108
Max Brito – p. 44, 76, 83
Nelson Augusto da Silveira Neto – p. 45, 57, 62
Patricia Vargas – foto de Claudia Matarazzo na capa
Rafaela Rissoli – p. 115, 128, 129, 136, 137
Rennedy Pessoa – p. 77, 82
Rodrigo Pereira Carvalho – p. 85
Rui Nagae – p. 47, 66, 73
Wanderson Medeiros – p. 67, 72
Yago Mesquita Carvalho Magalhães – p. 42, 70, 71
Adobe Stock Photos – todas as fotos exceto as relacionadas acima